HERBSTLIEBE

Herbstliebe

WOHLFÜHLREZEPTE
FÜR NEBLIGE MORGEN UND KÜHLE TAGE

JAN THORBECKE VERLAG

VERLAGSGRUPPE PATMOS

PATMOS
ESCHBACH
GRÜNEWALD
THORBECKE
SCHWABEN
VER SACRUM

Die Verlagsgruppe
mit Sinn für das Leben

Die Autorin

Christina Heß ist „im echten Leben" Bürofee bei der Justiz und wohnt mit Mann und Kind in ihrer geliebten Geburtsstadt Kassel. Nebenbei ist sie seit 2012 erfolgreiche Foodbloggerin aus Leidenschaft; auf ihrem Blog **Christina macht was** schreibt und berichtet sie über alle Dinge, die ihr schmecken. Seit ihrer Jugend ernährt sie sich vegetarisch, liebt Heavy-Metal-Musik und Reisen in alle Welt. Bei Thorbecke erschien von ihr bereits „Christina macht was – Veggie. Lecker. Anders", „Weihnachten vegetarisch" und „Dips & Saucen – sweet & salty".

MIX
Paper from responsible sources
FSC® C084698

Klimaneutral
Druckprodukt
ClimatePartner.com/14549-2003-1001

Für die Verlagsgruppe Patmos ist Nachhaltigkeit ein wichtiger Maßstab ihres Handelns.
Wir achten daher auf den Einsatz umweltschonender Ressourcen und Materialien.

Verlagsgruppe Patmos in der Schwabenverlag AG, Ostfildern
www.thorbecke.de

Gestaltung: Finken & Bumiller, Stuttgart
Text und Fotos: Christina Heß
Illustrationen: S. 34: shutterstock; übrige Illustrationen: pixabay
Druck: PNB Print Ltd, Silakrogs
Hergestellt in Lettland
ISBN 978-3-7995-1473-6

Inhalt

Meine lieben Leser,

herzlich willkommen zu meinem mittlerweile vierten Buch! Ich freue mich sehr, dass ihr euch die Zeit nehmt, um euren Herbst mit mir zu teilen, und ein Stück von meiner Herbstliebe in euer Leben lasst. Für mich ist der Herbst einfach die absolut schönste Jahreszeit – denn man nimmt sich endlich wieder die Zeit, um all die schönen Dinge zu tun, die das Leben so lebenswert machen. Kaffeetrinken mit geliebten Menschen in der Herbstsonne, Spaziergänge durch bunte Wälder und Parks, und wenn's draußen so richtig ungemütlich ist, kann man es sich drinnen kuschelig machen, etwas Schönes kochen (endlich hat man mal wieder Lust auf Suppen, Risottos und allerlei leckere Dinge, die im Sommer einfach zu aufwändig waren) und einfach mal wieder den Lieblingsfilm ansehen oder ein richtig gutes Buch lesen. Ich liebe den Herbst!

Es ist doch unvergleichlich, an einem Nebelmorgen aufzuwachen, wenn die ganze Welt ruhig und wie verzaubert daliegt. Und wenn dann über Nacht im Kühlschrank ein paar Pumpkin-Spice-Schnecken gegangen sind und man sie am Morgen dann frisch backt ... Ach, einfach nur herrlich. Und ich finde, ein Stück des Herbstzaubers macht auch die mit kleinen Menschen verbrachte Zeit aus. Für sie ist jeder Tag ein Abenteuer, und wenn Kinderaugen dank meiner Igelkekse und der Laubhaufen zum Reinspringen leuchten, ist es nur wieder eine Bestätigung für den Zauber dieser Jahreszeit. Für mich macht der Herbst so vieles besser und schöner, und ich habe mir nicht umsonst diese Jahreszeit ausgesucht, um meine Hochzeit zu feiern. Rotgefärbtes Laub macht jeden Moment schöner, findet ihr nicht auch? Es ist einfach ein letztes Aufflammen der Natur vor einem langen und kalten Winter, und das muss man doch ausnutzen! Ich hoffe sehr, dass euch die Rezepte in diesem Buch eine Inspiration sind.

Viel Spaß beim Stöbern und Nachkochen!
Eure Christina

Meine Bucket List für den Herbst

- Mindestens eine hausgemachte Pumpkin-Spice-Latte & London-Fog-Latte trinken
- Mit Kindern Kastanien sammeln gehen und Kastanienmännchen basteln
- Mindestens einmal in einen Blätterhaufen springen
- Warmen Apfelsaft mit einem Schuss Amaretto trinken
- Sich in eine Wolldecke einkuscheln, Kerzen anzünden, Tee trinken und den Lieblingsfilm ansehen
- Einen Kürbis aushöhlen und vor die Haustür stellen (Kerze anzünden nicht vergessen!)
- Spazierengehen an einem Nebelmorgen und sich an den bunten Blättern erfreuen
- Bunte Blätter sammeln und pressen
- An einem Regentag Kuchen essen und dem Regen an der Scheibe zusehen
- Endlich mal wieder die Nähmaschine rausholen
- Ein gutes Buch bei Kerzenschein lesen
- Einen Halloween/Horror-Film sehen und sich gruseln
- Äpfel pflücken und einen Apfelkuchen backen
- Eine herbstliche Duftkerze anzünden und sich am Geruch erfreuen
- Endlich wieder Schals tragen!
- Sich doch mal wieder an ein Kürbis-Rezept wagen (vielleicht Kürbis-Pancakes oder -Waffeln?)
- Einfach mal Freunde und Familie zu einem Erntedankessen einladen
- Sich nach dem zweiten Regentag ein bisschen über das Regenwetter ärgern

Wie man Kürbispüree herstellt

Zutaten für ca. 600 g Kürbismus
1 Hokkaido-Kürbis (ca. 1 kg)

Zubereitung im Slowcooker:
Den Kürbis gründlich waschen und trocknen. Danach halbieren, Kerne entfernen und den Kürbis grob kleinschneiden. Das Kürbisfleisch nun in den Slowcooker geben und für ca. 2 ½ Stunden auf Stufe High (2) garen. Danach prüfen, ob alles weich genug ist, und dann nur noch pürieren und im Kühlschrank aufbewahren.

Zubereitung im Ofen:
Den Kürbis gründlich waschen und trocknen. Danach halbieren, Kerne entfernen und beide Hälften auf ein mit Backpapier ausgelegtes Backblech legen. Den Ofen auf 170 °C Ober-/Unterhitze vorheizen und den Kürbis darin ca. 30 Minuten backen. Danach prüfen, ob alles weich genug ist, und dann nur noch pürieren und im Kühlschrank aufbewahren.

Zubereitung im Topf:
Den Kürbis gründlich waschen und trocknen. Danach halbieren, Kerne entfernen und den Kürbis in ca. 2 × 2 cm große Stücke schneiden. Das Fruchtfleisch in einen Topf mit Deckel geben, 8 EL Wasser dazugeben und bei mittlerer Hitze ca. 15 Minuten köcheln. Danach prüfen, ob alles weich genug ist, pürieren und im Kühlschrank aufbewahren.

Zubereitung in der Mikrowelle:
Den Kürbis gründlich waschen und trocknen. Danach halbieren, Kerne entfernen und den Kürbis in grobe Stücke schneiden. Das Fruchtfleisch in ein mikrowellengeeignetes Gefäß geben und mit einem Deckel leicht abdecken (nicht verschließen). Bei 750 Watt nun in 5-Minuten-Schritten garen; nach 5 Minuten durchmengen und nach weiteren 5 Minuten prüfen, ob der Kürbis schon weich ist. Dann pürieren und im Kühlschrank aufbewahren. Als Faustregel kann man sagen: Es dauert etwa 15 Minuten pro Kilo (ohne Kerne etc. gewogen).

Tipp zur Aufbewahrung:
Kürbispüree hält sich im Kühlschrank nur etwa 2 Tage. Daher am besten in eine Eiswürfelform geben, einfrieren und die gefrorenen Kürbiswürfel dann in einem Ziplockbeutel eingefroren aufbewahren. So ist das Püree auch leicht portionierbar.
Mittlerweile findet man Kürbispüree aber auch im gut sortierten Supermarkt.

Nebelmorgen

Apfelkuchengewürz

Für 10 g Gewürzmischung

ZUTATEN

3 TL gemahlener Zimt
1 TL gemahlene Muskatnuss
1 TL gemahlener Kardamom
1 TL gemahlener Ingwer
¼ TL gemahlener Piment

Alle Gewürze miteinander vermengen und in einem luftdichten Schraubglas aufbewahren.

Pumpkin Spice

Für 10 g Gewürzmischung

ZUTATEN

7 gehäufte TL gemahlener Zimt
1 TL gemahlener Ingwer
½ TL gemahlener Piment
¼ TL gemahlene Nelke
¼ TL gemahlene Muskatnuss

Alle Gewürze miteinander vermengen und in einem luftdichten Schraubglas aufbewahren.

London-Fog-Latte

Für 1 Tasse

ZUCKERSIRUP (AUF VORRAT)

50 g Zucker
50 ml Wasser

LATTE

1 EL loser Earl-Grey-Tee
ca. 200 ml kochendes Wasser
1 TL Zuckersirup (siehe oben)
ca. 200 ml Milch

Als Erstes den Zuckersirup herstellen. Dafür beide Zutaten in einem Topf aufkochen, abkühlen lassen und in eine verschließbare Glasflasche füllen. Im Kühlschrank aufbewahren (hält sich ewig und kann für mehrere Latte verwendet werden).

Den losen Tee in ein Teesieb geben und mit kochendem Wasser überbrühen. Wenn der Tee gezogen hat, den Zuckersirup unterrühren. Die Milch erwärmen und aufschäumen. Die Milch zum Tee geben und den London-Fog-Latte genießen.

Pumpkin-Spice-Latte

Für 1 Tasse

ZUTATEN

1 doppelter Espresso
1 TL Pumpkin Spice (siehe oben)
ca. 300 ml Milch

Den Espresso heiß aufbrühen und das Pumpkin Spice unterrühren. Die Milch erwärmen und aufschäumen. Die Milch zuerst in ein großes Glas geben, danach langsam den Espresso hineingießen. Mit Milchschaum toppen und servieren.

Kürbis-Pancakes

Pancakes sind für mich ein perfekter Start in den Tag – auch wenn es etwas länger dauert, bis alle gebacken sind. Am Wochenende mache ich mir gerne die Mühe, und wenn es dann draußen neblig ist, genieße ich sie eingekuschelt mit einem heißen Tee.

Für ca. 20 Pancakes
(3–4 PORTIONEN)

ZUTATEN

4 EL flüssige Butter
4 EL Zucker
2 Eier
250 ml Buttermilch
3 EL Kürbispüree (Seite 11)
1 TL Pumpkin Spice (Seite 15)
½ TL Salz
½ TL gemahlene Vanille
1 TL Backpulver
260 g Mehl
Ahornsirup zum Servieren (eventuell erwärmen)

Den Ofen auf 120 °C Ober-/Unterhitze vorheizen. Die Butter mit dem Zucker, den Eiern, der Buttermilch und dem Kürbispüree in einer Schüssel verrühren. Pumpkin Spice, Salz, Vanille, Backpulver und Mehl vermengen und durchsieben. Das Mehlgemisch nun unter die feuchten Zutaten heben und eine flache Pfanne (oder einen Teppanyaki-Grill) auf mittlere Hitze erwärmen.

Nun immer 2 EL des Teigs auf die heiße Platte geben und ausbacken (wenn oben Blasen zu sehen sind, ist der Pancake auf der Unterseite durchgebacken und kann gedreht werden). Den Teig nicht herunterdrücken, sondern nur einmal wenden. Die fertigen Pancakes dann auf einen Teller im Ofen legen, mit etwas Alufolie abdecken und warmhalten, während die anderen Pancakes ausgebacken werden. Warm mit Ahornsirup servieren.

TIPP

Man kann die Pancakes einfrieren (nicht länger als 1 Monat) und dann am Vorabend im Kühlschrank auftauen lassen. Am Morgen im Toaster aufbacken und genießen.
Und falls man keine Lust hat, sie einzeln auszubacken: Einfach eine Mini-Muffinform ausfetten, die Vertiefungen nun zur Hälfte mit Teig füllen und bei 180 °C Ober-/Unterhitze ca. 15 Minuten backen.

Apfel-Dutch-Baby

Dutch Baby ist eigentlich nur eine Bezeichnung für einen Ofenpfannkuchen, den man in einer gusseisernen Pfanne backt. Er schmeckt hervorragend, aber fällt schnell zusammen. Das heißt, lieber schon den Tisch gedeckt haben und sofort nach dem Servieren verzehren.

Für 2 Portionen

TEIG

3 Eier
100 g Mehl
175 ml Milch
1 EL Zucker
¼ TL Salz
½ TL gemahlene Vanille

FÜLLUNG

2 Äpfel
½ TL Zimt
1 EL Zucker
2 EL Zitronensaft

AUßERDEM

3 EL Butter für die Pfanne
2 EL Puderzucker

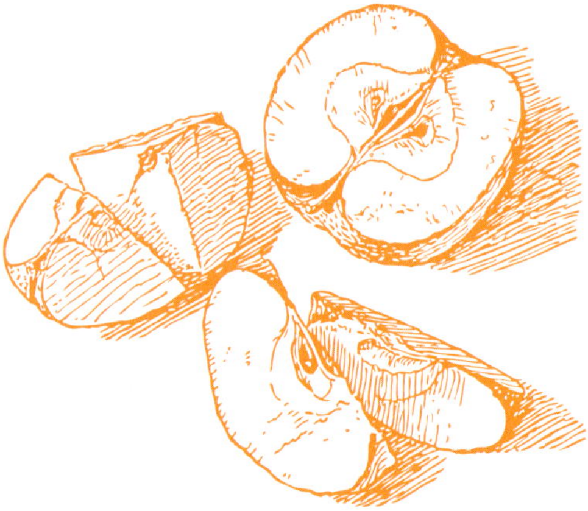

Für diesen leckeren Ofenpfannkuchen braucht ihr zuerst eine beschichtete Eisenpfanne/Gusseisenpfanne. Diese wird zusammen mit dem Ofen auf 220 °C Ober-/Unterhitze erhitzt. Dann den Teig zubereiten.

Dafür alle Zutaten in einen Mixer geben und so lange mixen, bis ein geschmeidiger Teig entstanden ist. Eventuell die Seiten nochmals nach unten kratzen.

Nun in die Pfanne im Ofen die Butter geben und schmelzen lassen. Sobald sie geschmolzen ist, wird der Teig in die heiße Pfanne gegossen und sofort wieder in den Ofen gestellt. Den Pfannkuchen nun 20 Minuten darin backen.

Währenddessen die Äpfel für die Füllung schälen, mit dem Zimt, dem Zucker und dem Zitronensaft in eine Pfanne geben und kräftig anbraten. Wenn der Ofenpfannkuchen goldbraun ist, wird er herausgenommen, die Füllung in die Mitte gegeben und mit etwas Puderzucker bestäubt sofort serviert.

Apple-Pie-Granola

Ich esse jeden Morgen Müsli und selbst gemachtes am allerliebsten. Auf dieses hier freue ich mich das ganze Jahr, und wenn es dann endlich Herbst ist, gibt es nichts anderes mehr – so gut ist es!

Für ca. 10 Portionen

ZUTATEN

600 g Haferflocken (zart und kernig gemischt)
1 EL Zimt
1 EL Apfelkuchengewürz (Seite 15)
50 ml Sonnenblumenöl
4 EL Apple-Pie-Sirup (z.B. von Monin)
150 g Zucker
150 ml Wasser
2 EL Honig
200 g getrocknete Apfelstücke/Apfelringe
200 g Pekannüsse
200 g Haselnusskrokant

Zuerst die Haferflocken in eine große hitzebeständige Schüssel geben, mit den Gewürzen vermischen und beiseitestellen. Dann das Öl mit dem Sirup vermengen.

Zucker, Wasser und Honig in einen kleinen Topf geben und aufkochen lassen. Den Ofen auf 160 °C Ober-/Unterhitze vorheizen.

Nun das Ölgemisch zu den Haferflocken geben und alles vermengen. Ein Backblech mit Backpapier auslegen und die Hafermischung darauf verteilen. Mit einem Pfannenwender andrücken (eventuell diesen etwas ölen) und in den Ofen geben. Nun 30 Minuten backen und danach komplett auskühlen lassen.

Dann die Granolaplatte in Stücke brechen, und falls das Müsli noch nicht ganz fest und trocken sein sollte, nochmals bei 160 °C Ober-/Unterhitze ca. 15 Minuten backen. Immer mal mit einem Pfannenwender vorsichtig wenden.

In der Zwischenzeit die Apfelringe und die Pekannüsse in Stücke schneiden. Die Müsliplatte mit der Hand zerbröseln (mehr oder weniger groß nach Geschmack) und mit den restlichen Zutaten mischen. In einem luftdichten Gefäß aufbewahren.

Süße Brötchen in Kürbisform

Kürbisse sind für mich der Inbegriff von Herbst und daher kann man das Thema auch mal beim Brötchenbacken aufgreifen, oder? Ich finde sie höchst dekorativ für jede Herbsttafel.

Für 10 Brötchen

ZUTATEN

300 g Kürbispüree (Seite 11)
100 g weiche Butter
100 g Zucker
1 Ei
1 Prise Salz
½ TL Zimt
½ TL Kurkuma
½ TL gemahlener Kardamom
100 ml Milch
½ Würfel Hefe
600 g Mehl

AUßERDEM

Küchengarn

Zuerst das Kürbispüree mit der Butter, dem Zucker, dem Ei und den Gewürzen in eine Schüssel geben und verrühren. Die Milch lauwarm erwärmen und die Hefe darin auflösen. Nun das Mehl und die Milch zu dem Kürbispüree geben und alles zu einem glatten Teig verkneten. Den Teig abgedeckt 45 Minuten gehen lassen.

Nach der Gehzeit aus dem Teig 10 etwa gleich große Kugeln formen (eventuell etwas bemehlen). 10 ca. 70 cm lange Stücke Küchengarn abschneiden und die Teiglinge damit einschnüren (wie bei einem Geschenk). Die Brötchen dann auf ein mit Backpapier belegtes Backblech legen und den Ofen auf 160 °C Ober-/Unterhitze vorheizen (180 °C, wenn sie etwas brauner werden sollen). Die Brötchen nun für ca. 25 Minuten backen.

Danach etwas auskühlen lassen, die Schnüre entfernen und mit verschiedenen Konfitüren (oder z.B. Butter mit etwas Zucker & Zimt vermischt) servieren.

TIPP

Aus etwas grünem Papier kann man schnell und einfach dekorative Strünke basteln.

Pumpkin-Spice-Rolls

Hierzu kann ich nur eines sagen: #BlutgruppePumpkinSpice.

Für 8 Stück

TEIG

100 ml Milch
60 ml Wasser
40 g Butter
1 Prise gemahlene Vanille
5 EL Zucker
½ Würfel Hefe
400 g Mehl
1 Ei

FÜLLUNG

100 g weiche Butter
100 g Zucker
2 EL Pumpkin Spice (Seite 15)

GUSS

250 g Puderzucker
1 EL Schmand
1 EL Milch

TIPP

Man kann diese Rolls auch am Vorabend zubereiten. Dafür die rohen Schnecken in der Auflaufform mit Frischhaltefolie abdecken und über Nacht in den Kühlschrank stellen. Am nächsten Morgen dann nur noch den Ofen vorheizen und backen.

Zuerst die Milch, das Wasser, die Butter, die Vanille und den Zucker in einen kleinen Topf geben und erwärmen, bis die Butter schmilzt. Die Mischung dann wieder lauwarm abkühlen lassen und die Hefe hineinbröseln. Das Mehl und das Ei in eine Schüssel geben und die lauwarme Milch-Hefemischung ebenfalls hinzufügen. Alles gut (ca. 3 Minuten) mit einer Küchenmaschine mit Knethaken durchkneten und diesen klebrigen und feuchten Teig dann mit einem feuchten Tuch abgedeckt ca. 1 Stunde gehen lassen.

Währenddessen die Füllung zubereiten. Dafür die Butter mit dem Zucker und dem Gewürz vermengen und beiseitestellen. Dann den Teig mit einem Teigschaber auf eine bemehlte Arbeitsplatte geben und obendrauf ebenfalls gut bemehlen. Ein paar Mal durchkneten und dann auf der bemehlten Arbeitsfläche ca. ½ cm dick ausrollen und mit der Buttermischung bestreichen. Nun den Teig von einer Seite her fest, aber vorsichtig einrollen. Diese Rolle in ca. 2–2,5 cm dicke Scheiben schneiden und mit einer offenen Seite nach oben in eine gebutterte Auflaufform legen. Die Rolls dann abgedeckt nochmals ca. 30 Minuten an einem warmen Ort (oder bei einer kühlen Küche bei 35 °C Ober-/Unterhitze im Ofen) gehen lassen.

In der Zwischenzeit den Ofen auf 180 °C Ober-/Unterhitze vorheizen und die Rolls dann ca. 30 Minuten backen. Garprobe machen, und wenn die Rolls fertig sind, diese komplett auskühlen lassen. Für den Guss alle Zutaten vermengen und über die Rolls streichen.

Sticky Toffee Buns

Ja, ich weiß. Diese Sticky Buns sind eine kleine Schweinerei und mehr als einen isst man eigentlich nicht zum Kaffee oder Tee. Aber, oh Mann – sind die gut! Außerdem kann man so mal alle Nüsse verarbeiten, die man noch im Vorratsschrank hat. Grund genug, den Ofen mal wieder anzuschmeißen, oder?

Für 1 Form mit 20 × 24 cm
(CA. 12 STÜCK)

TEIG

250 ml Milch
100 g Zucker
½ Würfel Hefe
120 g weiche gesalzene Butter
2 Eier
600 g Mehl

FÜLLUNG

60 g weiche Butter
60 g brauner Zucker
2 TL Zimt

TOPPING

250 g gemischte Nüsse (z.B. Man deln, Haselnüsse und Pekannüsse)
120 g Butter
120 g Zucker
80 ml Ahornsirup
½ TL Salz

Zuerst den Teig zubereiten. Dafür die Milch lauwarm erhitzen und den Zucker und die Hefe darin auflösen. Die Milch mit der Butter und den Eiern in eine Schüssel geben, verrühren und das Mehl unterrühren. Nun so lange rühren, bis ein glatter Teig entstanden ist, der nicht mehr klebt (ca. 5 Minuten). Den Teig nun abgedeckt 1 Stunde gehen lassen.

Währenddessen die Füllung zubereiten (alle Zutaten vermengen) und beiseitestellen. Danach das Topping vorbereiten. Dafür eine Form fetten und die Nüsse hineingeben (gehackt oder ganz) und verteilen. Die restlichen Zutaten in einen kleinen Topf geben und die Masse aufkochen lassen. Ca. 3 Minuten einkochen und danach über die Nüsse geben.

Jetzt den Teig auf einer bemehlten Arbeitsfläche rechteckig ca. 0,5 cm dick ausrollen. Nun die Füllung darauf verstreichen und den Teig von einer langen Seite aus aufrollen. Diese Rolle nun in 12 Stücke schneiden. Die Teiglinge nun gleichmäßig mit einer offenen Seite nach oben in der Form verteilen.

Den Ofen auf 180 °C Ober-/Unterhitze vorheizen und die Buns für ca. 30 Minuten backen. Die Form aus dem Ofen holen und ca. 5 Minuten abkühlen lassen. Mit Ofenhandschuhen die Form nun auf eine Servierplatte stürzen und warm servieren.

SONNENTAGE

Kanelknuter

(ZIMTSCHNECKEN AUS NORWEGEN)

Zimtschnecken kennt vermutlich jeder von euch. Aber diese Zimtschnecken haben eine ganz besondere Geschichte. Denn ich entdeckte sie bei einer Reise zum Nordkap. Als wir gerade auf das Postschiff warteten, das uns durch endlose norwegische Fjorde bringen sollte, entdeckte ich ein kleines unscheinbares Café in diesem kleinen Hafen. Dort holte ich die besten Zimtschnecken, die ich je essen durfte, und genoss dabei den herrlichen Ausblick auf glasklares Wasser und zerklüftete Felsen. Ich fragte die Dame im Café nach dem Rezept und sie überließ es mir tatsächlich – auf Norwegisch! Nun, ihr könnt sehen, dass ich mich angestrengt habe, es zu übersetzen und bis auf ein paar kleine Änderungen ist es das originale Rezept aus Norwegen. Ihr müsst sie einfach probieren! Die besten!

Für 16 Stück

TEIG

1 kg Mehl
500 ml Milch
150 g Zucker
½ TL Salz
1 TL gemahlener Kardamom
1 Ei
50 g Hefe
150 g weiche Butter

FÜLLUNG

125 g weiche Butter
125 g Zucker
2 EL gemahlener Zimt

AUßERDEM

1 verquirltes Ei
ca. 100 g Hagelzucker

Alle Zutaten für den Teig (bis auf die Butter) in eine Schüssel geben. Zu einem Teig verkneten und für ca. 1 Stunde gehen lassen. Danach den Teig zu einem Rechteck von 40 × 50 cm ausrollen und mit der Butter bestreichen. Den Teig nun zweimal zu jeweils einem Drittel einschlagen und umklappen, sodass drei Lagen entstehen.

Den Teig nun zu einem Rechteck von 30 × 50–60 cm ausrollen. Nun die Zutaten für die Füllung vermengen und auf den Teig streichen. Den Teig von der langen Seite her aufrollen und in 16 gleichmäßige Scheiben schneiden. Die Stücke nun mit einer Schnittfläche nach unten auf ein mit Backpapier belegtes Backblech legen und nochmals abgedeckt 1 Stunde gehen lassen.

Dann den Ofen auf 175 °C Ober-/Unterhitze vorheizen, die Kanelknuter mit einem verquirlten Ei bestreichen und mit Hagelzucker bestreuen. Ca. 20 Minuten backen und am besten noch warm servieren.

Kürbiswaffeln

Ich weiß nicht, wie es euch geht, aber meine Familie liebt es, gemeinsam Kaffee (bzw. Tee) zu trinken. Und auch wenn man unter der Woche nicht immer Zeit dafür hat, so holen wir es mindestens am Wochenende nach. Diese Waffeln sind im Herbst für mich ein Muss – mit leckerer gewürzter Sahne und zartem Kürbisaroma.

Für 8 Herzwaffeln

TEIG

3 Eier
80 g Zucker
150 g Kürbispüree (Seite 11)
1 TL Zitronensaft
200 g Mehl
2 TL Backpulver
50 g gemahlene Haselnüsse
½ TL gemahlene Vanille
1 Prise Salz
125 g zerlassene Butter
4 EL Mineralwasser

GEWÜRZ-SAHNE ALS TOPPING

200 ml Schlagsahne
1 EL Puderzucker
1 Prise gemahlene Vanille
¼ TL gemahlener Kardamom
¼ TL gemahlener Zimt

Für den Waffelteig zuerst die Eier mit dem Zucker schaumig rühren, bis sie an Volumen deutlich zunehmen. Danach alle anderen Zutaten dazugeben und vermengen, bis ein glatter Teig entstanden ist; das Mineralwasser als Letztes unterrühren.

Die Waffeln nacheinander im Waffeleisen knusprig ausbacken. Wenn sie goldbraun sind, auf einem Kuchenrost auskühlen lassen.

In der Zwischenzeit das Topping zubereiten. Dafür die Sahne mit dem Puderzucker steif aufschlagen und die Gewürze dazugeben. Sofort servieren.

TIPP

Diese Waffeln schmecken am nächsten Tag im Toaster aufgebacken wie frisch gebacken.

Schokoladenwaffeln mit heißen Kirschen

Wenn sich ein Rezept für eine schnelle Nachmittagstafel eignet, dann auf jeden Fall diese Waffeln hier. Sie sind lecker schokoladig und in Kombination mit den Kirschen einfach eine Wucht.

Für 8 Herzwaffeln

WAFFELN

200 g weiche Butter
100–150 g Zucker
4 Eier
1 Prise Salz
2 EL Backkakao
220 g Mehl
1 TL Backpulver
1 Prise gemahlene Vanille
125 ml Milch
50 g Schokoladenraspel

HEIẞE KIRSCHEN

1 Glas Kirschen
1 Pk. Vanillepuddingpulver

Zuerst die Kirschen zubereiten. Dafür die Kirschen samt Saft in einen Topf geben, das Vanillepuddingpulver unterrühren und unter Rühren aufkochen lassen, bis die Masse eindickt und klar wird. Mit einem Deckel abdecken und beiseitestellen.

Dann für den Waffelteig die Butter mit dem Zucker schaumig rühren, Eier und Salz hinzugeben und cremig rühren. Kakao, Mehl, Backpulver und Vanille vermischen und abwechselnd mit der Milch untermengen, bis ein glatter Teig entsteht. Die Schokoladenraspel unterheben und den Teig portionsweise in einem Herzwaffeleisen ausbacken.

Die fertigen Waffeln auf einem Kuchengitter auskühlen lassen und mit heißen Kirschen servieren (diese eventuell nochmals etwas vor dem Servieren erwärmen).

Apfelkuchen schwäbischer Art

Nachbarschaft ist etwas Schönes – und vor allem, wenn dein Nachbar dir abends noch lauwarmen Apfelkuchen vorbeibringt. Ich bin dann jedenfalls mit dem Tag und dem Leben versöhnt, und ich hoffe, dass es euch nach dem Genuss dieses schwäbischen Apfelkuchens genauso geht.

Für 1 Springform

MIT 24 CM DURCHMESSER

TEIG

260 g Mehl
1 TL Backpulver
80 g Butter
70 g Zucker
1 Ei
2 EL Milch
1 Prise Salz

FÜLLUNG

6 Äpfel (ca. 1 kg)
200 ml Sahne
200 g Crème fraîche
abgeriebene Schale einer Bio-Zitrone
2 Eier
50 g Zucker
½ TL gemahlene Vanille

TOPPING

50 g gehackte Mandeln
50 g Butter
50 g Zucker
½ TL Zimt

Zuerst den Teig zubereiten. Dafür alle Zutaten zu einem Mürbeteig verkneten und abgedeckt für ca. 30 Minuten in den Kühlschrank legen. Den Ofen auf 160 °C Ober-/Unterhitze vorheizen. Den Teig danach auf einer bemehlten Arbeitsfläche ausrollen und die Springform damit auskleiden (hier kann man den Teig bereits 10 Minuten im Ofen vorbacken für einen knackigeren Boden).

Die Äpfel schälen, entkernen und in Scheiben schneiden. In die Springform legen und die restlichen Zutaten für die Füllung vermengen und über die Äpfel gießen. Den Kuchen nun für 30 Minuten in den Ofen schieben.

In der Zwischenzeit die Zutaten für das Topping vermengen und den Kuchen nach diesen 30 Minuten aus dem Ofen nehmen, das Topping darübergeben und den Kuchen nochmals für 30 Minuten weiterbacken. Den schwäbischen Apfelkuchen am besten lauwarm genießen.

Zwetschgenkuchen mit Streuseln

Zwetschgen werden in meiner Familie seit meiner Kindheit verarbeitet und heiß und innig geliebt. Wir hatten früher diverse Zwetschgenbäume in der Nachbarschaft und im Garten, und neben Zwetschgenmus wurde und wird immer Zwetschgenblechkuchen mit Streuseln gebacken. Es gibt keinen Herbst ohne ihn (sogar für meine Hochzeit habe ich ihn gebacken) und dieser Tradition werde ich vermutlich noch im hochbetagten Alter frönen.

Für 1 Backblech

BODEN

250 g Magerquark
6 EL Milch
6 EL Sonnenblumenöl
400 g Mehl
1 Pk. Backpulver
1 Prise Salz
2 EL Zucker

STREUSEL

350 g Mehl
250 g kalte Butter in Würfeln
125 g Zucker
je 1 Prise gemahlene Vanille und Zimt
1 Prise Salz

AUßERDEM

ca. 1 kg Zwetschgen
Schlagsahne zum Servieren

Für diesen leckeren Kuchen zuerst den Boden zubereiten. Dafür alle Zutaten in eine Schüssel geben und kräftig durchkneten. Den Teig in Stücke zupfen und auf einem mit Backpapier ausgelegten tiefen Backblech verteilen. Nun mit einem Teigroller oder mit den Fingern gleichmäßig verteilen, sodass eine geschlossene Decke entsteht.

Die Zwetschgen waschen, halbieren, entsteinen und die Hälften jeweils oben nochmals einschneiden. Die Zwetschgen gleichmäßig mit der Hautseite nach unten auf dem Teig verteilen.

Für die Streusel alle Zutaten in eine Schüssel geben und gut durchkneten. Die Streusel nach Wunsch auf den Zwetschgen verteilen und den Ofen auf 180 °C Ober-/Unterhitze vorheizen. Den Kuchen dann ca. 50–60 Minuten backen. Auskühlen lassen und mit geschlagener Sahne servieren.

Kleiner schwedischer Mandelkuchen

Wenn ich an diesen Kuchen denke, dann sehe ich mich immer in einem kleinen Holzhaus in Schweden sitzen, einen See vor der Tür und eine dampfende Tasse Tee in der Hand. Hach, herrlich, wie schnell man heimelige Gefühle mit einem Backwerk hervorrufen kann ...

Für 1 Springform

MIT 20 CM DURCHMESSER

ZUTATEN

120 g Butter + etwas zum Fetten der Form
200 g Zucker
abgeriebene Schale einer Bio-Zitrone
1 Prise Salz
½ TL gemahlene Vanille
2 Eier
1 TL Backpulver
200 g Mehl
2–3 EL Milch
60 g frische Cranberrys
ca. 50 g gehobelte Mandeln
1–2 EL Zucker zum Bestreuen
Schlagsahne zum Servieren

Als Erstes den Ofen auf 175 °C Ober-/Unterhitze vorheizen. Eine Springform (20 cm Durchmesser) leicht ausfetten. Die Butter schmelzen und beiseitestellen. Zucker, Zitronenschale, Salz, Vanille und Eier in eine Rührschüssel geben und miteinander aufschlagen, bis die Masse an Volumen zunimmt. Dann das Backpulver und das Mehl einrühren. Nun noch die flüssige Butter dazugeben und verrühren, bis ein geschmeidiger Teig entsteht. Eventuell etwas Milch dazugeben, damit der Teig etwas flüssiger wird.

Den Teig nun in die vorbereitete Form geben. Die Cranberrys waschen, trocknen und auf dem Teig verteilen. Die Mandeln darübergeben und alles mit dem Zucker bestreuen. 40 Minuten backen, bis der Kuchen goldbraun ist. Am besten lauwarm und mit einem Klecks Sahne servieren.

TEA

London-Fog-Kuchen

Dieser Kuchen hier ist etwas ganz Besonderes, und er nimmt einen großen Teil meines Herzens ein. Denn hier verleihe ich meiner sehr großen Liebe zu Tee Ausdruck. Ein luftiger Schokoladenboden mit einer herrlichen Earl-Grey-Creme und als Abschluss noch Karamell ... Besser geht es einfach nicht. Wirklich.

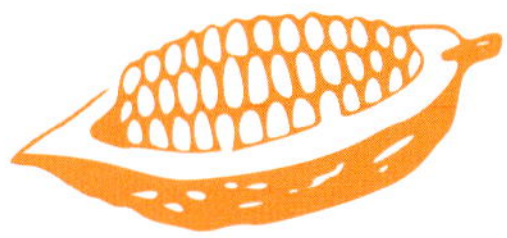

Für 1 Form

MIT 25 × 35 CM (HALBES BACKBLECH)

BODEN

100 g Zartbitterschokolade
100 g Backkakao
50 g brauner Zucker
300 ml warmes Wasser
125 g weiche Butter
100 g weißer Zucker
½ TL gemahlene Vanille
3 Eier
250 g Mehl
½ Pk. Backpulver
¼ TL Natron
1 Prise Salz

BELAG

600 ml + 200 ml Sahne
20 g loser Earl-Grey-Tee
200 g Crème fraîche
2 EL Puderzucker
½ TL gemahlene Vanille

KARAMELLSOßE

200 g Zucker
½ TL Salz
½ TL gemahlene Vanille
125 ml Sahne
85 g Butter

AUßERDEM

1–2 TL loser Earl-Grey-Tee zum Garnieren (optional)

ZUBEREITUNG →

London-Fog-Kuchen

Den folgenden Schritt bitte 24 Stunden vor dem Kuchenbacken erledigen: Für den Belag 600 ml Sahne in einen kleinen Topf geben, den Earl-Grey-Tee hinzufügen und einmal unter Rühren aufkochen. Die Sahne dann in ein verschließbares Gefäß füllen und über Nacht im Kühlschrank durchkühlen lassen.

Am Backtag als Erstes den Boden zubereiten. Dafür die Zartbitterschokolade über einem Wasserbad schmelzen. Den Ofen auf 180 °C Ober-/Unterhitze vorheizen. Den Kakao und den braunen Zucker abwiegen und in dem warmen Wasser auflösen. Butter, weißen Zucker und Vanille in einer Rührschüssel verschlagen. Nun die Kakaomischung dazugeben und vermischen. Die Eier und die Zartbitterschokolade hinzugeben. Das Mehl mit dem Backpulver, dem Natron und dem Salz vermengen und zum restlichen Teig geben. So lange mit einer Küchenmaschine verrühren, bis ein geschmeidiger Teig entstanden ist. Den Boden in die mit Backpapier ausgelegte Form gießen und verteilen. Im Ofen 25 Minuten backen – Garprobe machen! Den Kuchen danach komplett auskühlen lassen.

Jetzt die Creme zubereiten. Dafür die Sahne mit dem Tee durch ein Sieb gießen und den Tee entsorgen. 200 ml Sahne hinzugeben und steif aufschlagen. Die Crème fraîche, den Puderzucker und die Vanille hinzugeben und alles zu einer glatten Creme verrühren. Die Creme auf dem Kuchen verteilen und den Kuchen abgedeckt im Kühlschrank kühl stellen.

Nun noch die Karamellsoße zubereiten. Dafür den Zucker in einen Topf geben und bei mittlerer Hitze karamellisieren lassen. Dann das Salz, die Vanille und die Sahne langsam und vorsichtig hinzugeben. Die Butter hinzugeben und so lange rühren, bis keine Klumpen mehr in der Soße sind. Kurz beiseitestellen und auf Raumtemperatur abkühlen lassen. Nach ca. 30 Minuten kann die Soße über den Kuchen gegeben werden und der Kuchen – optional mit etwas Earl Grey bestreut – kann serviert werden.

Mohntorte mit Schmandguss

Im Spätsommer fahren meine Mutter und ich gerne auf ein Mohnfeld in unserer Gegend. Dieses Mohnfeld ist mittlerweile eine Touristenattraktion und wirklich sehr hübsch anzusehen – aber seien wir ehrlich: Eigentlich fahren wir nur wegen diesem sehr guten Mohnkuchen dorthin. Mit meinem Rezept könnt ihr ihn zu jeder Jahreszeit genießen.

Für 1 Springform

MIT 26 CM DURCHMESSER

TEIG

125 g Zucker
125 g weiche Butter
1 Ei
½ Pk. Backpulver
250 g Mehl

FÜLLUNG

100 g Weichweizengrieß
1 l Milch
100 g Zucker
125 g Mohn
125 g Butter
200 g saure Sahne

GUSS

2 Eier
200 g saure Sahne
200 g Schmand
2 EL Zucker
¼ TL gemahlene Vanille
2 EL Milch

Für den Teig alle Zutaten verkneten, in eine gefettete Springform geben (26 cm) und platt drücken. Den Teig auch am Rand entlang hochdrücken. Dann den Grieß in die Milch geben und 30 Minuten quellen lassen. Den Grieß und die Milch mit dem Zucker und dem Mohn zusammen in einen Topf geben und aufkochen. Die Butter unterrühren und die Masse etwas abkühlen lassen. Die saure Sahne unterheben und die Masse in die vorbereitete Form geben.

Den Ofen auf 180 °C Ober-/Unterhitze vorheizen und den Kuchen darin 40 Minuten backen. In den letzten 10 Minuten der Backzeit die Eier trennen und das Eiweiß steif aufschlagen. Die restlichen Zutaten für den Guss verrühren und das Eiweiß unterziehen. Nach Ablauf der 40 Minuten den Guss auf dem Kuchen verteilen und nochmals 20 Minuten backen.

Kuchen abkühlen lassen und am besten über Nacht im Kühlschrank durchziehen lassen. Er hält sich im Kühlschrank ca. 3 Tage, lässt sich also gut vorbereiten.

Gedeckter Apfelkuchen

Diesen absoluten Klassiker habe ich sehr lange Zeit gar nicht gebacken und als ich ihn dann für dieses Buch ausgesucht habe, stellte ich wieder fest, wie unglaublich gut er schmeckt. Er ist einfach zu backen, sieht toll aus und ist ein absoluter Familienliebling. Auch bei Kindern kommt er gut an (vielleicht da lieber ohne Rosinen).

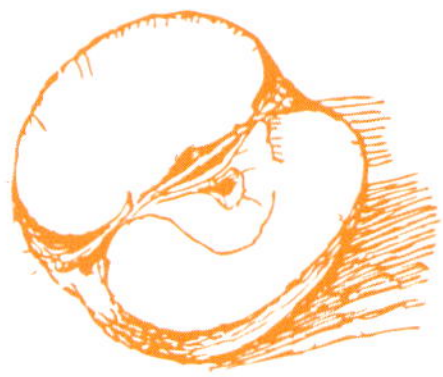

Für 1 Springform

MIT 26 CM DURCHMESSER

FÜLLUNG

750 g Apfelmus
3 mittelgroße Äpfel
50 g Rosinen
1 Prise Zimt

TEIG

400 g Mehl
3 TL Backpulver
½ TL gemahlene Vanille
1 Prise Salz
150 g Butter
100 g Zucker
2 Eier
2–4 EL Milch

AUßERDEM

Puderzucker zum Bestäuben (optional)

Als Erstes das Apfelmus in einen Topf geben, die Äpfel schälen, entkernen und würfeln. Apfelstückchen, Rosinen und Zimt mit in den Topf geben und ca. 10 Minuten köcheln lassen. Immer mal wieder durchrühren.

Alle Zutaten für den Teig verkneten, die Hälfte des Teiges ausrollen und in eine Springform geben (auch den Rand bedecken!). Das Apfelkompott einfüllen, den restlichen Teig ausrollen, darauflegen und die Ränder verschließen.

Den Ofen auf 200 °C Ober-/Unterhitze vorheizen und den Kuchen darin ca. 40 Minuten backen. In den letzten Minuten eventuell abdecken. Den Kuchen danach auskühlen lassen und bei Bedarf mit Puderzucker bestäuben.

Süßkartoffelkuchen mit Salzkaramell

Versprochen – einen saftigeren Gugelhupf werdet ihr nicht finden können. Die Süßkartoffel unterstreicht das Aroma des Gugels und macht ihn saftig; der Salzkaramelguss ist direkt aus dem Himmel.

Für 1 Gugelhupf oder 1 Kastenkuchen

TEIG

200 g Süßkartoffel
50 g Paranüsse
250 g weiche Butter + etwas für die Form
250 g Zucker
1 TL Zimt
½ TL gemahlene Vanille
½ TL gemahlener Kardamom
4 Eier
1 Pk. Backpulver
350 g Mehl
150 ml Milch

GUSS UND DEKORATION

200 g Dulche de Leche (siehe Tipp)
½–1 TL Salz (nach Geschmack)
50 g Paranüsse

Als Erstes die Süßkartoffel schälen und in Würfel schneiden. Die Würfel dann mit wenig Wasser in einem Topf gar kochen, das Wasser abschütten, die Süßkartoffel ein paar Minuten ausdampfen lassen und durch eine Kartoffelpresse geben. Die Paranüsse für den Teig in einem Mixer mahlen.

Nun die Butter mit dem Zucker und den Gewürzen schaumig aufschlagen. Die Eier nach und nach hinzugeben und verrühren. Das Backpulver mit dem Mehl und den gemahlenen Paranüssen vermengen und zu der Buttermasse geben. Die Milch hinzugeben und alles zu einem glatten Teig verrühren. Eine Gugelhupfform ausfetten und den Teig hineinfüllen. Den Ofen auf 180 °C Ober-/Unterhitze vorheizen und den Kuchen ca. 1 Stunde backen. Garprobe machen und den Kuchen eventuell nach drei Vierteln der Backzeit locker mit etwas Alufolie abdecken. Den Kuchen danach aus dem Ofen nehmen, abkühlen lassen und aus der Form stürzen.

Wenn der Kuchen ausgekühlt ist, das Dulce de Leche mit dem Salz (zu Anfang lieber weniger dazugeben!) in einen Topf geben und ganz leicht erwärmen, bis es flüssig wird. Das flüssige Karamell nun über den Kuchen geben und diesen mit den restlichen Paranüssen dekorieren.

TIPP

Dulche de Leche gibt es als gekochte gezuckerte Kondensmilch mittlerweile in jedem gut sortierten Supermarkt (vielleicht in der Abteilung mit ausländischen Sachen oder bei der normalen Kondensmilch). Ansonsten eine Dose Milchmädchen (gezuckerte Kondensmilch) nehmen und ca. 3 Stunden in einem Topf mit Wasser kochen oder ca. 20 Minuten in einem Schnellkochtopf.

Schokoladenkuchen mit Roter Bete

Ich weiß: Rote Bete in den Kuchen zu geben, benötigt ein gewisses Maß an Überwindung. Aber ich hoffe, ihr glaubt mir, wenn ich euch sage, dass man sie a) nicht herausschmeckt und b) ihr niemals einen saftigeren Schokoladenkuchen essen werdet. Versprochen. Indianer-Ehrenwort.

Für 1 Kastenkuchen oder 1 Gugelhupf

TEIG

275 g Mehl
2 TL Backpulver
1 Prise Salz
375 g Rote Bete (vorgegart, vakuumiert)
300 ml Sonnenblumenöl
200 g Zartbitterschokolade
5 Eier
100 g Backkakao
200 g Zucker
½ TL gemahlene Vanille
Butter zum Fetten der Form

GLASUR

300 g Zartbitterschokolade oder Kuvertüre

Den Ofen auf 180 °C Ober-/Unterhitze vorheizen. Für diesen Kuchen wird zuerst das Mehl mit dem Backpulver und dem Salz vermengt. Dann die Rote Bete mit dem Öl pürieren. Die Zartbitterschokolade über einem Wasserbad schmelzen. Alle Zutaten in eine Rührschüssel geben und vermengen.

Eine Kasten- oder Gugelhupfform buttern und den Teig hineinfüllen. Nun den Kuchen in den Ofen stellen und ca. 60 Minuten backen. Garprobe machen und auskühlen lassen.

Nach dem Abkühlen kann die Zartbitterschokolade für die Glasur über einem Wasserbad geschmolzen werden und als Glasur über den Kuchen gegeben werden.

Die perfekte Pie Crust & Apple Pie

Einen richtig guten Apple Pie zu backen, hat bei mir Jahre gedauert. Einfach, weil ich nicht das richtige Rezept gefunden habe und nicht wusste, wie lange so ein Pie wirklich backen muss ... Euch kann ich diese Odyssee ersparen, denn hier habe ich euch mein erprobtes und liebstes Rezept mitgebracht, mit dem einfach jeder Apple Pie ein Genuss wird.

Für 1 Pie Crust

CRUST (DOUBLE CRUST)

370 g Mehl
1 TL Zucker
½ TL Salz
220 g sehr kalte Butter
125 ml Eiswasser

TIPP

Die Crust kann halbiert und gut verpackt eingefroren werden. Sie ist dann schnell einsatzbereit und kann noch halb gefroren oder aufgetaut verarbeitet werden, wenn schnell ein Pie gebacken werden soll. Sehr praktisch, denn so hat man immer Crust zur Hand.

Zuerst das Mehl, den Zucker und das Salz in eine Schüssel geben und vermengen. Die Butter bis zum letzten Moment im Kühlschrank lassen und dann drei Viertel davon in Würfel und das restliche Viertel in Scheiben schneiden. Die Würfel nun unter das Mehl mischen, schnell zwischen den Fingern zerdrücken, dabei den Teig aber nicht kneten. Nun die restliche Butter zum Mehl geben, verteilen und untermengen. Das Eiswasser abmessen und zum Teig geben.

Jetzt mit möglichst kalten Fingern den Teig kneten, damit er gerade so zusammenkommt. In zwei gleich große Stücke teilen, in Frischhaltefolie wickeln und mindestens 30 Minuten in den Kühlschrank legen. Danach weiterverarbeiten.

Für 1 Apple Pie mit Double Crust

TEIG

1 × Pie Crust (siehe Seite 57, vor dem Kaltstellen mit 100 g Cheddar in Würfeln vermengt)

FÜLLUNG

ca. 1 kg säuerliche Äpfel (etwa 5 Stück)
Saft von ½ Zitrone
200 g Zucker
75 g Mehl
1 TL Zimt
1 Prise Muskat
1 Prise Salz

EGGWASH

1 Eigelb
1 EL Wasser
1 EL Zucker

AUSSERDEM

Sahne oder Eiscreme zum Servieren

Ein abgepacktes Stück Pie Crust auf die Größe der Pieform samt Rand ausrollen und hineinlegen. Die Form dann mit dem Teig in den Kühlschrank stellen.

Die Äpfel für die Füllung schälen, mit einem Apfelausstecher entkernen, halbieren und in Scheiben schneiden. Die Zitrone darüber ausdrücken, die restlichen Zutaten hinzugeben und vermengen. Die Füllung in die Pieform geben und nun den zweiten Teil der Crust aus dem Kühlschrank holen und auf die Größe der Pieform ausrollen. Nun entweder ganz auf den Pie legen oder in Streifen schneiden und darüber ein Gitter flechten. Die Ränder verzieren und abschneiden, das Eigelb mit etwas Wasser vermengen und auf die Crust streichen. Das Gitter mit dem Zucker bestreuen und den ganzen Pie mit etwas Frischhaltefolie abgedeckt für mindestens 30 Minuten in den Kühlschrank stellen.

Den Ofen auf 230 °C Ober-/Unterhitze vorheizen und den Pie 10 Minuten darin backen. Dann die Temperatur auf 175 °C Ober-/Unterhitze herunterdrehen und weitere 45 Minuten backen. Danach Alufolie nehmen und die Ränder abdecken, damit sie nicht zu dunkel werden und den Pie weitere 45 Minuten backen. Danach aus dem Ofen nehmen und komplett auskühlen lassen. Mit etwas Sahne oder Eiscreme servieren.

Sugar Cream Pie

Ich liebe einfache Rezepte, die man fix zusammenrühren kann, wenn's mal schnell gehen muss. Als Dessert oder Mitbringsel zu einem gemeinsamen Essen oder Kaffeetrinken eignet sich dieser Sugar Cream Pie hervorragend. Und wenn man z.B. noch eine Crust eingefroren hat, dann geht das umso schneller. Und ganz unter uns: Die Füllung schmeckt wie Crème brûlée!

Für 1 Pie

(CA. 12 STÜCKE)

TEIG

1 × Single Crust (halbes Rezept Seite 57)

FÜLLUNG

500 ml Sahne
250 ml Milch
2 Eigelb
2 TL gesalzene Butter
150 g Zucker
70 g Mehl
¼ TL Muskat
½ TL gemahlene Vanille
½ TL Zimt

AUßERDEM

1 TL Zimt

Die Crust herstellen wie auf Seite 57 beschrieben. Die Crust dann ausrollen und in eine Pieform legen.

Den Ofen auf 180 °C Ober-/Unterhitze vorheizen. Die Crust 15 Minuten blind vorbacken. Dafür ein Stück Backpapier auf den Teig legen und mit z.B. getrockneten Bohnen beschweren. Nach 15 Minuten Bohnen und Papier herunternehmen und nochmals 10 Minuten ohne alles backen.

Alle Zutaten für die Füllung in einen Topf geben und vorsichtig erwärmen; einmal unter ständigem Rühren aufkochen lassen. Die Mischung in die heiße Crust geben und 40 Minuten backen.

Den Pie dann auskühlen lassen, mit etwas Zimt bestäuben und servieren.

Pecan Pie

Wer von euch ein bisschen Ahnung von amerikanischer Esskultur hat, weiß, dass ein Pecan Pie bei keinem Erntedankessen fehlen darf. Er ist eine Spezialität der Südstaatenküche und wird bestimmt den einen oder anderen von euch überraschen. Denn er kann ziemlich viel! Wenn er mit einer Kugel Vanilleeis und einem Klecks Sahne serviert wird, wird sofort wieder Ruhe und Glückseligkeit am aufgeheizten Familientisch einkehren.

Für 1 Pie

TEIG

1 × Single Crust (halbes Rezept Seite 57)

FÜLLUNG

250 g Pekannüsse + 100 g Pekannüsse zum Garnieren (optional)
240 ml dunkler Maissirup
100 g brauner Zucker
60 g Butter
1 EL Whiskey
1 TL gemahlene Vanille
½ TL Salz
½ TL Zimt
3 Eier
3 EL Mehl

TIPP

Dunklen Maissirup findet ihr in Asialäden oder im Internet. Pekannüsse gibt es mittlerweile in jedem gut sortierten Supermarkt.
Den Pie kann man gebacken auch einfrieren und über Nacht im Kühlschrank auftauen lassen.

Für diesen Pie muss zuerst die Pie Crust zubereitet werden. Dafür bitte nach der Anleitung auf Seite 57 verfahren. Den Ofen auf 175 °C Ober-/Unterhitze vorheizen. Wenn die Pie Crust fertig und gekühlt ist, dann wird sie passend für die Pieform ausgerollt und hineingelegt, der Überstand kann mit einem hübschen Muster verziert werden. Die Crust muss nun für 20 Minuten blind vorgebacken werden. Dafür ein Stück Backpapier auf den Teig legen und mit z.B. getrockneten Bohnen beschweren. Nach 20 Minuten Bohnen und Papier herunternehmen und nochmals 10 Minuten ohne alles backen.

Nun werden die Pekannüsse in die Form gegeben und gleichmäßig verteilt. Alle restlichen Zutaten für die Füllung vermengen (bis auf die Eier und das Mehl!) und aufkochen. Die Sirupmasse dann ca. 15 Minuten abkühlen lassen, die Eier in eine Schüssel geben und verrühren. Den Sirup nach und nach untermischen. Das Mehl hinzugeben und unterrühren, bis keine Klümpchen mehr da sind. Die Masse nun über die Pekannüsse gießen. Eventuell nun noch weitere Pekannüsse im Kreis obendrauf legen.

Den Pie 45–55 Minuten backen, bis die Oberfläche leicht gebräunt ist. Eventuell nach 20 Minuten Backzeit die Crust mit Alufolie abdecken. Den Pie dann aus dem Ofen nehmen, abkühlen lassen und mit einer Kugel Vanilleeis servieren.

Mock Apple Pie

(FALSCHER APFEL-PIE)

Schon mal etwas von einem falschen Apfel-Pie gehört? Nein? Gerüchteweise entstand er in Kriegszeiten, als keine Äpfel verfügbar, aber Cracker im Haus waren. In vielen Rezepten gibt's keinen Apfelgeschmack am Pie, aber ich bin dafür, dass wir noch ein bisschen mehr schummeln und mit Apfelmus etwas nachhelfen. Probiert ihn auf jeden Fall mal aus – er ist eine sehr leckere Erfahrung und schmeckt auch ohne Äpfel wie originaler Apple Pie!

Für 1 Pie

(CA. 12 STÜCKE)

TEIG

1 × Double Crust (Seite 57)

FÜLLUNG

200 g gesalzene runde Cracker (z.B. Clubs oder Ritz)
250 ml Wasser
200 g Zucker
2 TL Cream of Tartar (siehe Tipp)
Saft von ½ Zitrone
abgeriebene Schale einer Bio-Zitrone
2 EL Apfelmus
ca. 2 EL gesalzene Butter
½ TL Zimt

AUSSERDEM

Eis oder Schlagsahne zum Servieren

Crust herstellen wie auf Seite 57 beschrieben. Eine Hälfte der Crust dann ausrollen und die Cracker hineinlegen. Wasser, Zucker und Cream of Tartar vermengen und zu einem Sirup aufkochen. Zitronensaft, Schalenabrieb und Apfelmus hinzufügen und kurz abkühlen lassen.

Den Ofen auf 180 °C Ober-/Unterhitze vorheizen. Den Sirup vorsichtig über die Cracker gießen, die Butter in Flocken darübergeben und mit Zimt bestreuen.

Die zweite Hälfte der Crust rund ausrollen, auf den Pie legen und in der Mitte etwas einschneiden. Den Pie nun ca. 45–60 Minuten backen. Warm servieren mit Eis oder Schlagsahne.

TIPP

Cream of Tartar gibt's im Internet (englisches/amerikanisches Produkt) und heißt auf Deutsch Weinstein. Cream of Tartar ist wichtig für die Konsistenz, und das hier erhältliche Weinsteinbackpulver ist nicht dasselbe. Also lieber im Internet bestellen oder zur Not durch den Saft einer Zitrone ersetzen.

Treacle Tarte

(SIRUPTORTE)

Na, wer von euch weiß, aus welchem Buch ich die Inspiration für dieses Rezept habe? Ich gebe euch einen Tipp: Ich kann mich zwischen den Häusern Gryffindor und Slytherin nicht entscheiden. Und noch ein Hinweis: (Typisch englische) Siruptorte ist Harrys Lieblingsdessert. Und da ich im Herbst, wenn es draußen ungemütlich ist, liebend gerne alle Filme der Harry-Potter-Reihe sehe, ist ein ordentliches Stück Treacle Tarte die perfekte Ergänzung und ein Muss für jeden Filmnachmittag.

Für 1 Pie

(CA. 12 STÜCKE)

TEIG

1 × Single Crust (halbes Rezept Seite 57)

FÜLLUNG

725 g heller Sirup, z.B. von Grafschafter
200 g Paniermehl
1 Bio-Zitrone
2 Eier (Größe L)
3 EL Sahne

AUßERDEM

Eis oder Schlagsahne zum Servieren

Als Erstes die Crust zubereiten wie auf Seite 57 beschrieben. Die Crust dann ausrollen, in eine Tarteform legen und abgedeckt 20 Minuten in den Kühlschrank stellen. Den Ofen auf 180 °C Ober-/Unterhitze vorheizen, die Crust mit einer Gabel einstechen, um Luftblasen zu vermeiden, und diese dann 15 Minuten blind vorbacken. Dafür ein Stück Backpapier auf den Teig legen und mit z.B. getrockneten Bohnen beschweren. Nach 15 Minuten Bohnen und Papier herunternehmen und nochmals 10 Minuten ohne alles backen.

Für die Füllung den Sirup erwärmen und mit den restlichen Zutaten vermengen. Die Mixtur in die Crust füllen und 45 Minuten backen. 15 Minuten abkühlen lassen und lauwarm mit einem Kugel Vanilleeis oder einem Klecks Schlagsahne servieren.

TIPP

Die Treacle Tarte kann man auch am nächsten Tag nochmals abgedeckt im Ofen erwärmen (180 °C, ca. 10–15 Minuten) und dann servieren. Schmeckt wie frisch gebacken!

Waldtier-Cupcakes

Ich liebe es, leckere Dinge für die Kinder in meiner Umgebung zu machen, und ihr könnt euch vorstellen, wie die Kinderaugen bei diesen Waldtier-Cupcakes geglitzert haben. Ob Fuchs oder Igel – hier kommt jeder auf seine Kosten und der Kreativität sind keine Grenzen gesetzt.

Für 24 Stück

MUFFINS

100 g Backkakao
100 g brauner Zucker
500 ml warmes Wasser
250 g weiche Butter
200 g weißer Zucker
450 g Mehl
1 Pk. Backpulver
1 TL Natron
1 TL gemahlene Vanille
4 Eier

BUTTERCREME

170 g Eiweiß (ca. 6 Eier Größe M)
200 g Zucker
340 g weiche Butter
(Raumtemperatur)

AUßERDEM

Lebensmittelgelfarbe in Orange
(Fuchs)
4 EL Backkakao (Igel)
Schokoladendrops als Augen

ZUBEREITUNG →

Waldtier-Cupcakes

Als Erstes die Muffins zubereiten. Dafür den Kakao und den braunen Zucker mit dem Wasser vermengen. Butter und Zucker schaumig schlagen. Die trockenen Zutaten vermengen. Nun ein Ei nach dem anderen und das Kakaowasser in die Buttermischung geben und rühren. Mehlgemisch hinzugeben und vermengen, bis ein glatter Teig entsteht. Den Teig auf 24 Muffinförmchen in 2 Muffinblechen verteilen.

Den Ofen auf 180 °C Ober-/Unterhitze vorheizen und die Muffins ca. 20 Minuten backen. Garprobe machen und erkalten lassen.

Währenddessen die Buttercreme zubereiten. Dafür wird eine Rührschüssel gebraucht, die auch in die Küchenmaschine eingespannt werden kann. Eiweiß und Zucker nun in diese Schüssel geben und über einem Wasserbad auf 70 °C (Thermometer!) erhitzen. Immer mal kurz durchrühren, damit sich der Zucker auflöst und das Ei nicht gerinnt. Nun die Schüssel vom Herd nehmen und in die Küchenmaschine spannen.

Mit dem Schneebesen so lange mit hohem Tempo schaumig aufschlagen, bis die Spitzen halten und keine Zuckerkristalle mehr zu spüren sind (ca. 5 Minuten). Nun einen Flachrührer in die Maschine spannen und nach und nach die Butter zum Eiweiß geben und unterrühren. Je länger gerührt wird (am besten zwischen 3–5 Minuten), desto weniger Luftblasen befinden sich in der Masse und sie lässt sich besser verarbeiten.

Nun ein Drittel der Buttercreme weiß lassen, ein Drittel mit der Lebensmittelfarbe orange einfärben und ein Drittel mit dem Kakao braun einfärben. Für die Igel nun ein Herz aus der weißen Buttercreme auf den Muffin streichen (Gesicht), die braune Buttercreme in einen Spritzbeutel mit stacheliger Spitze geben und „Stacheln“ aufspritzen. Mit einem Schokoladendrops als Nase und zwei als Augen verzieren und kühl stellen bis zum Servieren.

Für den Fuchs die untere Hälfte des Muffins mit weißer Buttercreme bestreichen und die orange Buttercreme in einen Spritzbeutel mit Gras-Tülle füllen. Damit nun das Fell aufspritzen und mit 3 Schokoladendrops für Nase und Augen verzieren. Eventuell hier mit der Tülle noch Ohren aufspritzen (noch besser geht es mit einer Blatt-Tülle).

Die Muffins im Kühlschrank aufbewahren und ca. 1 Stunde vor dem Verzehr Raumtemperatur annehmen lassen.

Igel-Kekse

Auch hier wieder ein Rezept, mit dem ihr sehr schnell kleine Kinderaugen zum Strahlen bringen könnt. Und geben wir es zu – auch jeden Erwachsenen.

Für ca. 20 Stück

ZUTATEN

220 g Mehl
120 g weiche Butter
100 g Zucker
1 Ei
¼ TL Salz
½ TL gemahlene Vanille
1 EL Backkakao
1 EL Puderzucker
1 Msp. schwarze Lebensmittelgelfarbe
etwas Zitronensaft

Das Mehl durchsieben und beiseitestellen. Die Butter mit dem Zucker in der Küchenmaschine vermengen, bis eine cremige Masse entsteht. Ei, Salz und Vanille dazugeben und gut verrühren. Das Mehl dazugeben und so lange kneten, bis ein glatter Teig entsteht.

Nun diesen Teig in zwei Teile aufteilen (ein Drittel und zwei Drittel) und die größere Teigmenge mit dem Backkakao verkneten. Beide Teige separat in Frischhaltefolie packen und für 30 Minuten in den Kühlschrank legen.

Danach zuerst den dunklen Teig ca. 0,5 cm dick ausrollen und stachelige Ovale ausstechen. (Hat man keine passenden Ausstecher, kann man sich die schnell und einfach aus Teelichthüllen selber machen. Hüllen auswaschen und trocknen. Boden rausschneiden und dann in die gewünschte Form biegen – eventuell mit einer Zange.) Die Kekse auf ein mit Backpapier ausgekleidetes Backblech legen.

Nun den hellen Teig ausrollen und kleinere Kreise (wird dann der Bauch) und noch kleinere Herzen ausstechen (wird das Gesicht). Erst den Bauch auf den dunklen Teig legen und dann das Gesicht.

Den Ofen auf 180 °C Ober-/Unterhitze vorheizen und nun ca. 10–12 Minuten backen. Auskühlen lassen und mit dem Puderzucker, der schwarzen Farbe und dem Zitronensaft eine Paste anrühren und mit dieser mit einem Zahnstocher Augen und Nase auftupfen. Trocknen lassen und sich am Ergebnis erfreuen.

Pizzabohnen aus dem Ofen & vom Grill

Wir nutzen gerne die letzten sonnigen Herbsttage, um nochmal zu grillen, und ich bereite dann diese Pizzabohnen zu. Man gibt die großen weißen Bohnen in eine würzige Tomatensoße und überbackt sie mit Käse. Herrlich! Wir stellen dieses Gericht auch gerne einfach auf den Grillrost, während die Kohle anfängt zu glühen, und haben so eine hervorragende Vorspeise.

Für 4–6 Portionen

ZUTATEN

2 EL Olivenöl
2 Möhren
ca. 60 g Sellerie
1 große weiße Zwiebel
2 Knoblauchzehen
75 ml trockener Rotwein
1 große Dose geschälte Tomaten
150 ml Gemüsebrühe
Salz und Pfeffer nach Geschmack
1 EL frischer Oregano
½ TL Knoblauchpulver
500 g gekochte weiße Riesenbohnen (oder 2 Dosen)
2 Büffelmozzarella
100 g geriebener Parmesan

Das Olivenöl in eine Pfanne geben und erhitzen. Die Möhren, den Sellerie, die Zwiebel und die Knoblauchzehen schälen und in feine Würfel schneiden. Alles zusammen in der Pfanne scharf anbraten und mit Rotwein ablöschen. So lange braten, bis der ganze Rotwein verdampft ist. Nun die Tomaten und die Gemüsebrühe hinzufügen, mit Salz, Pfeffer, Oregano und Knoblauchpulver abschmecken und 20 Minuten köcheln lassen.

Dann die Bohnen abgießen, in die Soße geben, vermengen und die Masse in eine ofenfeste Form geben. Nun die Form entweder auf den Grill stellen, bis es blubbert und der Käse geschmolzen ist (ca. 20 Minuten, je nach Hitzeentwicklung), oder den Ofen auf 200 °C Ober-/Unterhitze vorheizen und die Pizzabohnen 20 Minuten darin backen. Dann herausnehmen, den Büffelmozzarella darüber zerzupfen, den Parmesan darübergeben und nochmals 10 Minuten backen. Eventuell die Grillfunktion nutzen. Heiß und blubbernd mit etwas frischem Brot servieren. Kann super auf dem Grill (eher an der Seite) warmgehalten werden.

Kartoffel-Knisch

Ein Knisch (auch Knish) ist etwas typisch jüdisches und gerade in New York gibt es sie an jeder Straßenecke. Für mich haben sie etwas Heimeliges, und wer einmal meine Knischs mit gebratenen Zwiebeln und Kartoffelfüllung gegessen hat, der ist ihnen genauso verfallen wie ich.

Für 6 Stück

TEIG

370 g Mehl
1 TL Backpulver
1 TL Salz
1 Ei
125 ml Sonnenblumenöl
1 TL Essig
75 ml Wasser

KARTOFFELFÜLLUNG

600–700 g mehligkochende Kartoffeln
1 große Zwiebel
2 TL Olivenöl
1–2 TL Salz
½ TL gemahlener Pfeffer

AUßERDEM

1 Eigelb
1 TL Wasser

Zuerst den Teig zubereiten. Dafür alle Zutaten in eine Schüssel geben und verkneten. Den Teig danach in Frischhaltefolie wickeln und 1 Stunde in den Kühlschrank legen (er ist bis zu 3 Tage haltbar).

Nun die Füllung zubereiten. Die Kartoffeln schälen und in reichlich Salzwasser gar kochen, abschütten und beiseitestellen. Nun die Zwiebel in Würfel schneiden und mit dem Öl bei mittlerer Hitze in einer Pfanne goldbraun braten. Die Kartoffeln durch eine Presse geben, mit den restlichen Zutaten vermengen und abschmecken.

Den Ofen auf 180 °C Ober-/Unterhitze vorheizen. Die Hälfte des Teiges rechteckig (ca. 30 × 15 cm) ausrollen. Die Hälfte der Füllung nehmen und ans untere lange Ende des Teigs legen (in einer Rolle). Das gegenüberliegende Ende mit Wasser bestreichen und den Teig vom Ende mit der Füllung her aufrollen und verschließen.

Diesen Teigstrang nun in drei gleich große Stücke teilen, alle Teiglinge mit einer offenen Seite nach unten auf ein mit Backpapier ausgelegtes Backblech legen und mit der Handfläche etwas nach unten drücken, damit sie rund und dick werden. Danach mit der anderen Hälfte des Teigs und der Füllung genauso verfahren. Alle 6 Knischs auf dem Blech nun mit Eggwash (Eigelb und Wasser vermischt) bepinseln und diese dann im Ofen ca. 35–40 Minuten goldbraun backen.

REGENTAGE

Kürbissuppe mit Amarettinibröseln

Kürbis und Amarettini – ich weiß, dass sich das für einige von euch komisch anhört. Aber bereits bei der Veröffentlichung meines ersten Buches schenkte ich diese Suppe an alle aus, die bei einer Buchvorstellung da waren. Und ich kann euch sagen, der 15-Liter-Topf war am Ende des Abends ratzeputz leer. So viele Menschen können nicht irren!

Für 4 Portionen

SUPPE

1 mittelgroßer Hokkaido-Kürbis
1 Zwiebel
2 Knoblauchzehen
3 große Kartoffeln
1 EL Olivenöl
1 großes Stück Ingwer (ca. 2–3 cm)
ca. 1 l Gemüsebrühe
500 ml Orangendirektsaft
Salz und Pfeffer
1 Schuss Tabasco

TOPPING

30 g Amarettini
50 g gemahlene Mandeln
1 EL Butter

Zuerst den Kürbis waschen, trocknen, halbieren, entkernen und in ca. 3 × 3 cm große Stücke schneiden. Zwiebel und Knoblauch schälen. Kartoffeln schälen und ebenfalls in Stücke schneiden. Alles auf ein Backblech legen und mit etwas Olivenöl beträufeln.

Den Ofen auf 200 °C Ober-/Unterhitze vorheizen und das Gemüse ca. 20 Minuten backen. Währenddessen den Ingwer schälen und fein reiben.

Das Ofengemüse in einen großen Topf geben, Ingwer, Gemüsebrühe und Orangensaft dazugeben. Nun alles pürieren und eventuell noch mit etwas Wasser oder mehr Gemüsebrühe verdünnen. Ordentlich salzen und pfeffern und aufkochen lassen. 1 Schuss Tabasco hinzufügen und auf kleiner Flamme ca. 10 Minuten köcheln lassen.

In der Zwischenzeit die Amarettini und die Mandeln in einen Mixer geben und alles krümelig zermalen. Die Butter in eine Pfanne geben, die Amarettinikrümel und Mandeln hinzugeben und leicht anbraten. Die Suppe mit jeweils 1 TL Amarettinibröseln servieren.

Selleriesuppe mit Trüffeln

Trüffeln sind nicht jedermanns Sache und frische Trüffeln zu bekommen, kann sich als wirklich schwierig herausstellen. Trüffeln haben von ca. Oktober bis Silvester Saison, und da findet man sie durchaus auch mal auf Wochenmärkten. Ansonsten kann man sich auch mit einem guten Trüffelöl und Trüffeln in Öl behelfen.

Für 6 Portionen

SUPPE

1 Zwiebel
500 g Sellerie
200 g Kartoffeln
1–2 EL Olivenöl
ca. 100 ml Weißwein
ca. 1 l Wasser/Gemüsebrühe
Salz und Pfeffer nach Geschmack
200 ml Sahne
ca. 500 ml Milch
1 Prise Muskat
ca. 1 TL Trüffelöl (nach Geschmack)

TOPPING

6 TL Crème fraîche
etwas Trüffel (optional)

Für diese leckere Suppe wird zuerst die Zwiebel geschält und fein gehackt. Sellerie und Kartoffeln schälen und in gleich große Würfel schneiden. Die Würfel in einen Topf geben und mit etwas Olivenöl kräftig anbraten. Mit Weißwein ablöschen und mit Wasser oder Gemüsebrühe aufgießen. Leicht salzen und das Gemüse weich kochen. Das dauert ca. 20 Minuten, je nach Würfelgröße. Anschließend durchpürieren. Bis hierhin kann man die Suppe super vorbereiten.

Wenn die Suppe serviert werden soll, die Sahne und die Milch hinzugeben und mit Salz, Pfeffer und Muskat kräftig abschmecken. Noch einmal erhitzen und das Trüffelöl unterrühren. Die Suppe dann heiß mit einem Klecks Crème fraîche und etwas fein gehobeltem Trüffel (wenn vorhanden) servieren.

Ungarische Pilzsuppe mit Brotsticks

Ich liebe Pilzsuppen einfach und wenn man – wie ich – keine Ahnung hat von der Pilzsuche, kann man auch aus Champignons eine schmackhafte Suppe zaubern.

Für 4 Portionen

BROTSTICKS

½ Würfel Hefe
250 ml warmes Wasser
1 EL Zucker
500 g Mehl
1 TL Salz
1 Ei
3 EL Olivenöl
2 EL Milch
½ TL Salz
¼ TL Knoblauchpulver
ca. 2 EL Butter

SUPPE

4 TL Butter
1 große weiße Zwiebel
400 g Champignons
1 rote Paprika
3 EL Mehl
1 EL geräuchertes Paprikapulver
1 l Gemüsebrühe
200 ml Milch
200 g Schmand
1 EL Zitronensaft
Salz und Pfeffer nach Geschmack
evtl. frische Petersilie als Garnierung

Für die Brotsticks die Hefe im Wasser mit dem Zucker auflösen und ca. 5 Minuten stehen lassen. Dann das Mehl und das Salz vermengen. Hefewasser, Ei und Öl zum Teig geben und so lange kneten, bis der Teig elastisch ist und sich von den Seiten löst. Den Teig abgedeckt 30 Minuten an einem warmen Ort gehen lassen. Danach den Teig verkneten, in 8 gleich große Stücke teilen und rollen, damit Sticks mit der Länge einer Backblechbreite entstehen.

Wieder abdecken und 30 Minuten gehen lassen. Die Sticks dann mit Milch bestreichen. Den Ofen auf 220 °C Heißluft vorheizen und die Sticks darin ca. 20 Minuten backen. Salz und Knoblauchpulver mischen. Danach mit einem Stück Butter über die Sticks fahren und mit der Salz-Knoblauch-Mischung bestreuen.

Für die Suppe die Butter in einem Topf schmelzen. Währenddessen die Zwiebel schälen, die Champignons putzen, die Paprika waschen und entkernen und in Würfel schneiden. Nun das Gemüse in der Butter kross anbraten. Mehl und Paprikapulver hinzugeben, unterrühren und mit Gemüsebrühe aufgießen.

Die Suppe nun ca. 20 Minuten bei mittlerer Hitze köcheln lassen.Vom Herd nehmen und sehr fein pürieren. Die Milch und den Schmand zur Suppe geben und untermengen. Nun noch den Zitronensaft hinzugeben und kräftig mit Salz und Pfeffer abschmecken. Eventuell die Suppe nochmal kurz erwärmen (nicht mehr kochen!), ansonsten mit etwas Petersilie garniert servieren.

Beetenbartsch

Meine Mutter und ich unternahmen letztes Jahr eine Reise nach Russland, und in Moskau, nicht weit vom berühmten Roten Platz entfernt, aß ich eine hervorragende Rote-Bete-Suppe – im Russischen Borschtsch, im Ostpreußischen Beetenbartsch genannt. Beide Suppen unterscheiden sich etwas, daher habe ich euch hier das ostpreußische Rezept mitgebracht. Man sagt, dass der Kochlöffel im Topf stehen muss, so viel Gemüse muss drin sein. Natürlich musste ich sie in dieses Buch aufnehmen, denn es fühlt sich einfach nur heimelig an, wenn man sie löffelt – wie bei Oma.

Für ca. 6 Portionen

ZUTATEN

50 g Butter
2 weiße Zwiebeln
2 Knoblauchzehen
250 g Kartoffeln
2 Möhren
1 Stange Lauch
500 g Weißkohl (½ kleiner Kopf)
500 g vorgegarte Rote Bete
250 g gekochte weiße Bohnen (z.B. aus dem Glas)
2 EL Tomatenmark
2 Lorbeerblätter
2 TL getrockneter Majoran
1 TL Zucker
1–2 TL Salz
2–3 TL Kräuteressig
1,5–2 l Gemüsebrühe
Schmand und Holzofenbrot zum Servieren

Die Butter in einen großen Topf geben und schmelzen lassen. Dann die Zwiebeln, die Knoblauchzehen, die Kartoffeln und die Möhren schälen. Die Zwiebeln und den Knoblauch fein hacken und in den Topf geben. Die Kartoffeln und die Möhren in gleichmäßige Stücke schneiden. Den Lauch in Ringe schneiden und gründlich waschen. Den Weißkohl in nicht zu lange Streifen schneiden. Die Rote Bete in Stücke schneiden. Nun das ganze Gemüse und die Bohnen in den Topf geben und anbraten. Das Tomatenmark hinzufügen und kurz mitrösten.

Die Gewürze und den Essig hinzugeben und den Eintopf mit Gemüsebrühe auffüllen. Den Beetenbartsch ca. 20–30 Minuten garen, bis das Gemüse weich ist. Eventuell nochmals etwas Essig hinzugeben und mit einem Klecks Schmand und frischem Holzofenbrot servieren. Schmeckt aufgewärmt am besten.

Pasta e Fagiola

Diese typisch italienische Suppe koche ich gerne, sobald es den ersten Grünkohl gibt. Und solange es den noch nicht gibt, geht's auch mit Spinat. Sie schmeckt herrlich an einem lauen Herbstabend ...

Für 6 Portionen

ZUTATEN

200 g getrocknete oder 400 g vorgekochte weiße Riesenbohnen (Dose)
1 Zwiebel
2 Knoblauchzehen
1 EL Olivenöl
1 große Dose Tomaten im eigenen Saft
ca. 1,5–2 l Gemüsebrühe
1 Zweig Thymian
1 Zweig Rosmarin
Salz und Pfeffer nach Bedarf
300 g kleine Nudeln
250 g Grünkohl oder Blattspinat
ca. 200 g Parmesan
1 EL Petersilie
Brot zum Servieren

Die Bohnen, wenn möglich, zuerst 12 Stunden in reichlich Wasser einweichen. Das Wasser dann wegschütten! Bei Bohnen aus der Dose ist das Einweichen nicht nötig. Sie sind sofort einsatzbereit. Nun die Zwiebel und den Knoblauch schälen und hacken und mit etwas Olivenöl in einem Topf anbraten. Die Tomaten dazugeben (vorher den Strunk entfernen) und mit Gemüsebrühe auffüllen. Die Bohnen dazugeben und mit Kräutern sowie Salz und Pfeffer würzen.

Die Suppe nun ca. 20 Minuten kochen, damit die Bohnen gar werden (bei nicht eingeweichten Bohnen kann das 45 Minuten dauern. Dosenbohnen sind bereits gegart und können sofort mit der Pasta gekocht werden). Jetzt die Pasta hinzugeben. Den Grünkohl oder Spinat waschen, trocknen und grob hacken. In den letzten 3 Minuten, bis die Pasta gar ist, das Blattgemüse dazugeben. Die Suppe dann portionsweise mit viel geriebenen Parmesan, etwas gehackter glatter Petersilie und etwas Brot servieren.

Herzhafte Erbsensuppe

(SCHMACKHAFT AUCH OHNE SPECK)

Nachdem ich von einem Koch auf einem Schiff gelernt habe, was der natürliche Trick hinter richtig grüner Erbsensuppe ist, mache ich sie nur noch so. Meine Erbsensuppe enthält keinen Speck, steht aber im Geschmack einer mit Speck in nichts nach!

Für ca. 6–8 Portionen

SUPPE

500 g grüne Schälerbsen
ca. 3 l Gemüsebrühe
2 große weiße Zwiebeln
1 Bund Suppengrün
1 große Stange Lauch
6 mehligkochende Kartoffeln
300 g fester Räuchertofu
50 g Butter
reichlich (Rauch-)Salz und Pfeffer
ca. 400 g TK-Erbsen
1 EL Sojasoße

GARNIERUNG

1 EL Crème fraîche oder Schmand pro Portion
etwas krause Petersilie als Garnierung

TIPP

Normale getrocknete Erbsen vor dem Kochen mindestens 12 Stunden in Wasser einweichen.

Zuerst die Schälererbsen für ca. 1 Stunde in 1 l Gemüsebrühe kochen. Eventuell mit etwas Wasser auffüllen. Danach das überschüssige Wasser abschütten. Während der Kochzeit das Gemüse waschen, ggf. schälen und in kleine Würfel schneiden. Den Tofu in sehr kleine Würfel schneiden.

Nun die Butter in einem großen Topf schmelzen. 200 g Tofu und das gewürfelte Gemüse in den Topf geben und kräftig anbraten und bräunen. Die Erbsen dazugeben und mit Gemüsebrühe auffüllen. Diese Mischung nun etwas salzen und ca. 1–1 ½ Stunden köcheln lassen. Wenn die Erbsen weich sind, den Topf vom Herd nehmen und mit dem Pürierstab grob durchpürieren.

Jetzt gibt's den Geheimtipp für eine kräftig grüne Suppe: Die TK-Erbsen kurz mit reichlich Wasser in einen Topf geben und auf dem Herd blanchieren. Das Wasser abschütten und die Erbsen pürieren. Diesen Erbsenbrei nun unter die Suppe mischen. Die Erbsensuppe eventuell noch mit etwas heißem Wasser verdünnen und kräftig abschmecken.

Den restlichen Räuchertofu mit etwas Sojasoße in einer Pfanne scharf anbraten. Die Suppe nun portionsweise mit etwas gebratenem Tofu, einem Klecks Schmand und etwas gehackter Petersilie servieren.

Indische rote Linsensuppe

Einen meiner größten Träume habe ich mir bereits 2018 erfüllt: Eine Reise nach Indien & Nepal. Und da wir in Indien ziemlich gut gegessen haben, hat sich meine Liebe für indisches Essen nur vervielfacht. Wie man authentisches indisches Essen von europäischem indischen Essen unterscheiden kann? Original indisches Essen ist meistens richtig scharf und enthält nur sehr sehr selten Kokosmilch.

Für ca. 6 Portionen

ZUTATEN

2 EL Ghee oder Rapsöl
1 EL braune Senfkörner
1 EL Kreuzkümmelsamen
1–2 Nelken
1 EL Curryblätter
1 EL Koriandersamen
1 TL–1 EL Chilipulver
1 Chilischote
ca. 3 cm frischer Ingwer
1 Zwiebel
3 Knoblauchzehen
1 TL frischer Koriander
1 TL indische Pickles (optional)
300 g rote Linsen
1 kleine Dose Tomaten
1,5 l Wasser
Salz nach Geschmack
Saft einer Zitrone
Naturjoghurt und Pfannenbrot (Seite 118) zum Servieren

Das Ghee oder das Öl in einen großen Topf geben und bei mittlerer Hitze erwärmen. Die Gewürze dazugeben und anrösten, bis sie anfangen zu duften.

Währenddessen die Chilischote vom Stiel befreien und in einen Mixer geben. Den Ingwer, die Zwiebel und den Knoblauch schälen und ebenfalls in den Mixer geben. Die Pickles, falls verwendet, hinzufügen. Alles zu einer Paste vermixen, zu den Gewürzen geben und anbraten. Dann die Linsen, die Tomaten und das Wasser dazugeben und ca. 30 Minuten köcheln lassen. Immer mal wieder umrühren. Die Suppe dann pürieren, nun noch salzen und den Zitronensaft hinzugeben. Die Suppe mit einem Klecks Naturjoghurt und frischem Pfannenbrot servieren.

Halloumi Makhani

(BUTTERCHICKEN OHNE CHICKEN)

Mein Mann nennt dieses Gericht „sein Licht am Ende des Tunnels" – und ja, man kann das so sagen, es ist nicht übertrieben! Denn es ist so lecker, dass man nicht aufhören kann zu essen und auch nach dem stressigsten Tag auf der Arbeit wieder aufatmen kann. Mehr muss ich nicht sagen, oder?

Für 4 Portionen

INGWER-KNOBLAUCH-PASTE

80 g Ingwer
7 Zehen Knoblauch
3 EL Wasser

HALLOUMI

2 Pk. Halloumi (oder Paneer)
2 EL Rapsöl
2 EL Ingwer-Knoblauch-Paste (siehe oben)
1 TL Chilipulver
2 TL Kasoori Methi (getrocknete Bockshornkleeblätter)
ca. ½ TL Salz

CURRY

600 g Tomaten
2 weiße Zwiebeln
2–3 EL Ingwer-Knoblauch-Paste
50 g Cashewkerne
2 TL Garam Marsala
1 TL Zucker
1–2 TL Chilipulver
50 g Butter
3 EL Sahne
1 EL Malzessig
Salz nach Geschmack
1 TL Kasoori Methi
Basmatireis und Naturjoghurt zum Servieren

Zuerst den Halloumi in mundgerechte Würfel schneiden.

Dann die Ingwer-Knoblauch-Paste zubereiten. Dafür den Ingwer und den Knoblauch schälen und mit etwas Wasser pürieren.

Den Halloumi mit dem Rapsöl in eine große, tiefe Pfanne geben und die restlichen Zutaten hinzufügen und anbraten. Den Halloumi herausnehmen und beiseitestellen.

Nun die Tomaten und die Zwiebeln klein schneiden und mit der Paste, den Cashewkernen und den Gewürzen in die Pfanne geben und anbraten. Dann die Butter und die Sahne hinzufügen und die ganze Masse in einem Mixer glatt pürieren. Die Soße und den Halloumi nun wieder gemeinsam in die Pfanne geben und leicht köcheln lassen. Mit Essig, Salz und Kasoori Methi abschmecken, eventuell mit Wasser verdünnen und mit Basmatireis und Naturjoghurt servieren.

TIPP

Die Ingwer-Knoblauch-Paste hält sich mehrere Tage im Kühlschrank und kann noch für andere Rezepte weiterverwendet werden. Und Kasoori Methi gibt's im asiatischen Supermarkt bei den Gewürzen. Es macht wirklich einen Geschmacksunterschied!

Das ultimative Pilzrisotto

Risotto ist eines meiner absoluten Lieblingsessen, und wenn man einmal weiß, wie es geht, ist es auch sehr unkompliziert. Meine Version hier ist vollgestopft mit Geschmack, und ich finde, wenn man von einer langen Pilzwanderung im herbstlichen Wald wiederkommt, gibt es nichts Besseres.

Für 4–6 Portionen

ZUTATEN

2 EL Olivenöl
1 Zwiebel
2 Knoblauchzehen
400 g Risottoreis
15 g getrocknete Steinpilze und Pfifferlinge
100 ml Weißwein
1 l Gemüsebrühe
600 g gemischte Pilze (z.B. Steinpilze, Kräuterseitlinge, Pfifferlinge und Champignons)
2 EL + 2 EL Butter
Salz und Pfeffer nach Geschmack
100 g Parmesan
etwas Petersilie und 1 Frühlingszwiebel als Garnierung

Zuerst das Olivenöl in einem Topf erhitzen. Dann die Zwiebel und den Knoblauch schälen, fein hacken und anbraten. Den Risottoreis und die getrockneten Pilze mit in den Topf geben und ebenfalls garen, bis die Enden der Reiskörner glasig werden. Dann mit Weißwein ablöschen.

Nun auf mittlere Hitze herunterschalten und kellenweise die Gemüsebrühe in den Topf geben. Immer wenn die Brühe verkocht ist, wieder eine Kelle nachgießen. Immer mal wieder rühren (ca. 20 Minuten Garzeit). Währenddessen die frischen Pilze putzen und klein schneiden. Diese dann in einer Pfanne mit etwas Butter kräftig anbraten und würzen. Wenn die Gemüsebrühe aufgebraucht ist, werden der geriebene Parmesan und 2 EL Butter zum Risotto hinzugegeben. Umrühren, bis die Butter geschmolzen und die Brühe verkocht ist. Nun die Hälfte der gebratenen Pilze unterheben und das Risotto anrichten. Dazu eine Portion in einen Teller geben, mit dem Rest der gebratenen Pilze, gehackter Petersilie und Frühlingszwiebelringen garniert servieren.

TIPP FÜR DIE RESTEVERWERTUNG

Aus dem abgekühlten, übrig gebliebenen Risotto kann man Risottobällchen machen. Dafür aus der Masse gleich große Bällchen formen, sie erst in Mehl, dann in Ei und dann in Paniermehl wälzen und frittieren. Funktioniert auch in einer Heißluftfritteuse ohne Öl (ca. 15 Minuten bei 180 °C).

Kartoffeltaler
mit Feta-Füllung & Tomaten-Salsa

Manchmal habe ich auch im Herbst noch Lust auf etwas Frisches. Daher kommen meine Kartoffeltaler nicht ohne leckere Tomaten-Salsa und würzige Chimichurri-Soße aus. Ein Genuss! Meistens mache ich gleich das doppelte Rezept und nehme sie am nächsten Tag mit zur Arbeit.

Für ca. 4 Portionen

ODER 12 STÜCK

CHIMICHURRI-SOSSE

½ Bund Koriandergrün
1 Bund glatte Petersilie
4 Knoblauchzehen
2 TL frischer Oregano
1 rote Chilischote
1 TL Salz
200 ml Olivenöl

SALSA

400 g Cherrytomaten
1 rote Zwiebel
1 Knoblauchzehe
1 EL Koriandergrün
Salz und Pfeffer nach Geschmack
Saft von ½ Limette

TALER

600 g mehligkochende Kartoffeln
1 Zwiebel
1 Ei
125 g Magerquark
50 g Weichweizengrieß
50–100 g Mehl
Salz und Pfeffer nach Geschmack
1 EL gehackter Schnittlauch
200 g Feta
ca. 200 ml Rapsöl

Bei diesem Gericht zuerst die Soßen zubereiten. Für die Chimichurri-Soße die Kräuter waschen und trocknen, die Knoblauchzehen schälen und alles zusammen (bis auf das Öl) in einen Mixer geben und fein zerhacken. Nun das Öl hinzugeben und alles in ein Schraubglas füllen.

Dann die Salsa zubereiten. Dafür die Tomaten waschen, trocknen, vom Strunk befreien und in kleine Würfel schneiden. Die Zwiebel und die Knoblauchzehe schälen und ebenfalls in kleine Würfel schneiden. Den Koriander fein hacken und alles vermengen. Mit Salz und Pfeffer und Limettensaft abschmecken. Beide Soßen kühlstellen.

Dann die Kartoffeln schälen und in reichlich Salzwasser gar kochen. Durch eine Kartoffelpresse drücken und mit den restlichen Zutaten (bis auf den Feta und das Öl) verkneten. Den Feta zerkrümeln. Die Kartoffelmasse in 12 gleich große Stücke teilen. Jeweils zuerst eine Kugel formen und diese dann auf der Handfläche platt drücken. Etwas von dem Feta in die Mitte legen, die Kartoffelmaße darüber verschließen und eine Art Frikadelle daraus formen. Ca. 1 Fingerbreit Rapsöl in eine große Pfanne geben und das Öl erhitzen. Die Kartoffeltaler von beiden Seiten darin goldbraun ausbacken und wenn sie fertig sind, kurz auf einem Küchentuch abtropfen lassen. Mit den beiden Soßen servieren. Ich mache dazu gerne noch einen bunten Salat.

Pilz-Galette mit Zitronenschmand

Eine Galette ist ein Gebäck mit in diesem Fall herzhaftem Belag – im Sommer mache ich sie gerne mit frischen Tomaten; aber im Herbst müssen es verschiedene Pilze sein. Wenn man sich mit Pilzen gut auskennt, kann man natürlich die selbst gesammelten nehmen. Alle anderen greifen auf die reichliche Auswahl im Supermarkt oder auf dem Wochenmarkt zurück. Mein Favorit: Pfifferlinge!

Für ca. 2–3 Portionen

TEIG

200 g Mehl
120 g kalte Butter
1 Ei
1 TL Salz
1 Prise Zucker

BELAG

200 g Schmand
Saft einer Zitrone
1 Knoblauchzehe
Salz und Pfeffer nach Geschmack
ca. 300 g gemischte Pilze (Champignons, Kräutersaitlinge etc.)
2 EL Olivenöl
frischer Thymian und frisches Basilikum

Für diese leckere Galette wird zuerst der Teig zubereitet. Dafür das Mehl und die Butter verkneten. Das Ei, das Salz und den Zucker hinzufügen und alles zu einem glatten Teig verkneten. Den Teig auf ca. Backblechgröße rund ausrollen.

Nun den Schmand mit dem Zitronensaft verrühren. Den Knoblauch schälen, fein hacken und hinzugeben. Mit Salz und Pfeffer abschmecken.

Nun zwei Drittel des Schmands auf die Mitte des Teigs geben und verteilen. Ca. 5 cm Rand freilassen. Die Pilze putzen, in Scheiben schneiden und auf den Schmand legen.

Den Ofen auf 190 °C Ober-/Unterhitze vorheizen. Den Rand nun zur Mitte hin umklappen und die Galette mit Olivenöl beträufeln. Im Ofen ca. 45 Minuten backen. Danach mit frischem Thymian und Basilikum garnieren, den Rest Schmand in Klecksen auf die Galette geben und servieren.

Wirsing-Pizza

Wirsing ist ein meiner Meinung nach komplett unterschätztes Gemüse; und auf der Pizza macht er sich hervorragend. Zusammen mit etwas geräucherter Paprika und einem Klecks Schmand lockt er jeden hinter dem Ofen hervor!

Für 2 Pizzen

PIZZATEIG

½ Würfel Hefe
1 TL Zucker
ca. 350 ml lauwarmes Wasser
500 g Mehl
1 TL Salz

BELAG

etwa 10 große Wirsingblätter
1 EL Olivenöl
1 TL geräuchertes Paprikapulver
Salz und Pfeffer nach Geschmack
1 kleine Zwiebel
100 g reifer Camembert
1 Becher Schmand
etwas frisch geriebener Parmesan

AUßERDEM

100 g Schmand
1 TL geräuchertes Paprikapulver

Für den Boden die Hefe zusammen mit dem Zucker im lauwarmen Wasser auflösen. Danach das Mehl und das Salz in eine Schüssel geben und mit dem Hefewasser kräftig zu einem geschmeidigen Teig verkneten. Abgedeckt mindestens 1 Stunde an einem warmen Ort gehen lassen. Dann den Ofen auf 250 °C Ober-/Unterhitze oder Pizzastufe des Ofens vorheizen (Backblech im Ofen lassen beim Vorheizen – dieses ersetzt den Pizzastein). Den Teig halbieren, mit einem Nudelholz und etwas Mehl rund jeweils auf Blechgröße ausrollen und auf Backpapier legen.

In der Zwischenzeit den Wirsing gründlich waschen, den Strunk entfernen und die Blätter in mundgerechte Stücke schneiden. Das Olivenöl in einer Pfanne erhitzen und den Wirsing darin scharf anbraten. Kräftig mit Paprika, Salz und Pfeffer würzen und beiseitestellen.

Die Zwiebel schälen und in Ringe schneiden. Den Camembert in kleine Stücke zupfen. Die Pizzen mit Schmand bestreichen. Je die Hälfte des Wirsings, der Zwiebeln und des Käses auf der Pizza verteilen und in den Ofen geben. Dort nun ca. 10 Minuten backen (nacheinander!). Eventuell ein wenig Schmand auf die fertige Pizza geben und mit geräuchertem Paprikapulver bestäuben.

Hessischer Zwiebelkuchen

Psst ... Ich verrate euch jetzt mein absolut geheimes Familienrezept für den besten Zwiebelkuchen, den ich kenne. Fertig? Dann ab an den Backofen!

Für 1 Springform mit 26 cm
(CA. 6 PORTIONEN)

TEIG*

250 g Magerquark
6 EL Sonnenblumenöl
6 EL Milch
400 g Mehl
½ Pk. Backpulver
1 TL Salz

FÜLLUNG

4–5 große weiße Zwiebeln (ca. 1 kg)
2 dünne Stangen Lauch
1 EL Butterschmalz
200 g Schmand
2 Eier
Salz und Pfeffer
ca. 1 EL Paniermehl
ca. ½ TL geräuchertes Paprikapulver

AUSSERDEM

200 g Schmand
1 TL geräuchertes Paprikapulver

Zuerst den Teig zubereiten. Dafür alle Zutaten vermengen und zu einem glatten Teig verkneten. Dann auf die Größe der Springform ausrollen und hineinlegen. Auch die Seiten mit Teig bedecken. Abgedeckt beiseitestellen.

Den Ofen auf 180 °C Ober-/Unterhitze vorheizen. Nun die Zwiebeln schälen und in Würfel schneiden. Die Lauchstangen in Ringe schneiden, gut waschen und trocknen. Die Zwiebeln und den Lauch in etwas Butterschmalz scharf anbraten. Den Topf vom Herd nehmen und den Schmand und die Eier hinzufügen. Sehr gut durchrühren und kräftig mit Salz und Pfeffer abschmecken.

Die Füllung in die Springform geben. Das Paniermehl mit Salz, Pfeffer und Paprikapulver vermengen und darübergeben. Den Zwiebelkuchen in den Ofen schieben und ca. 40 Minuten backen.

In der Zwischenzeit den Schmand mit Salz, Pfeffer und Paprikapulver vermengen und kaltstellen. Den Zwiebelkuchen aus dem Ofen nehmen, wenn der Teig an den Seiten durchgebacken und das Paniermehl obendrauf goldbraun ist. Etwa 10 Minuten stocken lassen und dann jeweils mit einem Klecks Gewürzschmand servieren.

Herbstliche Pasta

mit Auberginen & Walnüssen

Dieses Gericht fällt in die Kategorie: Sieht nicht so schön aus, schmeckt aber hammermäßig gut. Daher ist es wie im echten Leben – nicht so viel auf Äußerlichkeiten schauen, auf das Innere kommt es an!

Für 4 Portionen

ZUTATEN

1 Aubergine
500 g Cherrytomaten
2 EL Olivenöl
1 EL Salz
250 g Pasta nach Wahl
3–4 Kellen Nudelwasser
2–3 Knoblauchzehen
50 g Walnüsse
3 Stängel Basilikum
Salz und Pfeffer nach Geschmack
ca. 50 g Parmesanflocken

Den Ofen auf 180 °C Ober-/Unterhitze vorheizen, ein Backblech mit Backpapier auslegen und die Aubergine in Würfel schneiden. Diese Würfel zusammen mit den ganzen Cherrytomaten auf dem Backblech verteilen und mit Olivenöl beträufeln. Mit Salz würzen und für 35 Minuten im Ofen rösten.

Währenddessen die Pasta in reichlich Salzwasser kochen. Sind die Nudeln al dente, werden sie abgeschüttet – das Kochwasser aber auffangen. Nun zuerst etwas Kochwasser in einen Mixer geben, die Knoblauchzehen schälen und mit den Walnüssen zusammen hinzugeben. Vermixen, die Auberginen und die Cherrytomaten sowie das Basilikum hinzugeben und alles zu einer glatten Soße vermixen. Eventuell mit mehr Kochwasser verdünnen. Abschmecken, die Soße zu den Nudeln in den Topf geben und mit Parmesanflocken garniert sofort servieren.

Unerhört gute Mac'n'Cheese

Wenn es draußen überhaupt nicht mehr aufhören will zu regnen und der Alltag einem nur noch grau in grau vorkommt, dann ist es an der Zeit, meine Mac'n'Cheese zu kochen. Ich finde, die hellen jede triste Stimmung im Handumdrehen auf.

Für 3–4 Portionen

ZUTATEN

300 g Hörnchen-Nudeln (Makkaroni)
Salz
200–300 ml Nudelwasser
3 EL Butter
200 g Schmelzkäse mit Gouda
150 g geriebener Gouda
100 g geriebener Parmesan
Salz und Pfeffer nach Geschmack

OPTIONAL

1 EL geröstete Zwiebeln pro Portion

Zuerst die Nudeln in reichlich gesalzenem Wasser al dente kochen. Das Nudelwasser beim Abschütten auffangen, die Nudeln zurück in den Topf geben und wieder ca. 100 ml Nudelwasser zu den Nudeln hinzufügen.

Dann die Butter und den Schmelzkäse unterrühren, damit beides schmilzt. Nun nochmal den Herd auf geringe Hitze anschalten und den geriebenen Käse unterheben. Soweit erwärmen (nicht kochen, dann gerinnt der Käse eventuell), dass der komplette Käse geschmolzen ist. Eventuell noch mit etwas mehr Nudelwasser verdünnen. Kräftig abschmecken und zu einem Salat servieren.

TIPP

Wer es würziger mag, nimmt Berg-, Höhlen- oder Blauschimmelkäse dazu. Wer es cremiger mag, gibt noch etwas reifen Brie oder Camembert hinzu.

One Pot Alfredo Pasta

Dieses Rezept ist nicht ohne Grund das mit Abstand beliebteste Pastagericht auf meinem Blog. Es ist einfach, schnell gemacht und sehr, sehr lecker. Ihr verpasst was, wenn ihr es nicht ausprobiert!

Für ca. 3 Portionen

ZUTATEN

1–2 Knoblauchzehen
2 EL Olivenöl/Butter
450 ml Milch
350 ml Gemüsebrühe
250 g Linguine
100 ml Sahne
ca. 100 g Parmesan
Salz und Pfeffer nach Geschmack
2 EL gehackte Petersilie

Den Knoblauch fein hacken und in etwas Olivenöl oder Butter in einer tiefen und großen Pfanne (am besten einer Eisenpfanne) anbraten. Dann die Milch und die Gemüsebrühe hinzugeben und aufkochen lassen.

Die Pasta hineinlegen und immer mal durchrühren, damit die Nudeln nicht am Boden festkleben. Sobald die Nudeln biegsamer werden, wird die Sahne hinzugegeben und mitgeköchelt (mittlere Hitze). Nach ca. 6–8 Minuten sollten die Nudeln bissfest gegart und ein Großteil der Soße eingezogen sein. Nun den geriebenen Parmesan dazugeben und ordentlich salzen und pfeffern. Die Soße sollte nicht komplett verkocht sein, denn die Nudeln ziehen noch Feuchtigkeit, wenn sie auf dem Tisch stehen. Mit Petersilie bestreuen und zusammen mit einem grünen Salat sofort servieren.

TIPP

Wenn die Soße zu sehr verkocht/eingezogen ist, einfach noch etwas heißes Wasser (3–4 EL) untermengen und so die Soße wieder cremig werden lassen.

Penne alla Wodka

Bei diesem Gericht läuft vor meinem inneren Auge immer derselbe Film ab: Es ist Herbst. Ein Pärchen in einem Loft in Brooklyn, es regnet, draußen ist es dunkel, der Wind weht Blätter an ein Fenster und die Wohnung ist von Kerzenschein erleuchtet. Sie sitzen beide am Tisch, haben zusammen dieses Gericht gekocht und er hält um ihre Hand an. Ach Herbst, du hast etwas Magisches (nicht umsonst habe ich eine Herbsthochzeit gefeiert!).

Für 3–4 Portionen

PENNE

250 g Penne
Salz
4 TL Butter
50–100 ml Wodka (z.B. Kauffmanns Soft-Wodka)

SOSSE

1 große Zwiebel
2 Knoblauchzehen
2 EL Olivenöl
1 große Dose Tomaten
150 ml Sahne
Salz und Pfeffer nach Geschmack

GARNIERUNG

100 g Crème fraîche
ca. 50 g geriebener Parmesan

Zuerst die Nudeln in reichlich Salzwasser nach Packungsangabe al dente kochen. In der Zwischenzeit die Zwiebel und den Knoblauch schälen, fein hacken und in Olivenöl in einem Topf anbraten. Die Tomaten aus der Dose vom Strunk befreien und mit in den Topf geben. Köcheln lassen.

Wenn die Nudeln gar sind, werden sie abgeschüttet, mit der Butter und dem Wodka zusammen wieder in den Nudeltopf gegeben und nochmals auf den Herd gestellt. Bei mittlerer Hitze den Wodka verkochen und die Butter schmelzen lassen. Die Nudeln immer mal wieder durchrühren, damit sie nicht ankleben oder anbrennen.

Während die Nudeln noch kurz ziehen, wird die Sahne zur Soße gegeben und diese mit Salz und Pfeffer abgeschmeckt. Die Nudeln zur Soße geben und durchrühren. Mit einem Klecks Crème fraîche und frisch geriebenem Parmesan servieren.

Maiswaffeln mit Pfifferlingen

Manchmal mag ich es, Hauptgerichte auf den Tisch zu bringen, die im ersten Moment eigentlich keine sind. Waffeln zum Abendessen? Hell yeah! So gut, so würzig und mal etwas anderes.

Für 6 Waffeln

(2 PORTIONEN)

WAFFELN

3 EL Polenta
5 EL kochendes Wasser
1 frischer Maiskolben (oder eine kleine Dose Mais)
100 g Cheddar
250 g Mehl
1 TL Backpulver
1 TL Salz
1 TL Chiliflocken (Jalapeño)
3 Eier
100 ml Milch
125 ml flüssige Butter

TOPPING

400 g Pfifferlinge
2 Knoblauchzehen
1 weiße Zwiebel
1 EL Olivenöl
1 EL Butter
Salz und Pfeffer nach Geschmack
200 g Schmand
1 TL scharfes Paprikapulver
1 Maiskolben
2 gelbe oder grüne Tomaten

Für den Waffelteig die Polenta mit dem kochenden Wasser übergießen und quellen lassen. Den Mais vom Kolben schneiden, den Cheddar grob raspeln. Dann alle Zutaten in eine Schüssel geben und verrühren.

Nun die Pfifferlinge putzen, die Knoblauchzehen und die Zwiebel schälen und fein hacken. Pfifferlinge, Knoblauch und Zwiebeln mit Olivenöl, Butter, Salz und Pfeffer in eine Pfanne geben und bei mittlerer Hitze kross anbraten, während die Waffeln in einem Herzwaffeleisen ausgebacken werden. Die Pfifferlinge immer mal wieder wenden.

Den Schmand mit dem Paprikapulver, Salz und Pfeffer würzen und beiseitestellen. Den Maiskolben in einer Grillpfanne rösten und danach in Stücke schneiden oder die Maiskörner vom Kolben schneiden. Die Tomaten würfeln. Wenn alle Waffeln ausgebacken sind, jeweils 3 Waffeln auf einen Teller geben und mit den Pfifferlingen, dem Schmand, dem Mais und den Tomaten garnieren. Warm servieren.

„Backwunder“

Orientalisches Pfannenbrot

Seit ich in Indien war, bin ich dem Naan-Brot verfallen. Original wird es in einem Tandoori-Ofen gebacken. Tja, leider kann ich in meiner Wohnung kein Loch in den Boden graben, um einen herzustellen, aber ich kann dieses wunderbare Pfannenbrot backen. Schmeckt genauso gut und meistens mache ich das doppelte Rezept – denn nicht nur ich liebe es.

Für ca. 8 Stück

TEIG

½ Würfel Hefe
150 ml warmes Wasser
100 ml warme Milch
200 g Vollmilchnaturjoghurt
600 g Mehl
½ TL Salz
1 TL Zucker
1 TL Backpulver

AUßERDEM

Rapsöl zum Braten
1 Knoblauchzehe
100 g Butter
3 EL Koriander oder glatte Petersilie

Zuerst die Hefe im warmen Wasser auflösen. Das Hefewasser mit der Milch und dem Joghurt vermengen. Alle restlichen Zutaten für den Teig mit dem Hefewasser in eine Schüssel geben und den Teig glatt verkneten. Den Teig nun abgedeckt ca. 30 Minuten gehen lassen. Dann eine gusseiserne Pfanne (oder eine andere schwere Pfanne) auf den Herd stellen und auf hohe Hitze aufheizen.

Den Teig in 8 Stücke teilen und unter einem Küchentuch lagern. Jeweils ein Stück Teig auf Pfannengröße ausrollen und in die Pfanne legen (eventuell etwas hitzebeständiges Öl wie Rapsöl hineingeben). Nun den Deckel auf die Pfanne legen und das Brot ca. 3 Minuten backen. Dann umdrehen und nochmals ca. 3 Minuten backen. Dunkle Flecken auf dem Brot sind gewollt.

Während die Brote backen, die Knoblauchzehe schälen und sehr fein hacken. Die Butter in einen Topf geben und schmelzen lassen. Die Knoblauchzehe darin anbraten. Den Koriander oder die Petersilie hacken. Die fertigen Brote mit der geschmolzenen Knoblauchbutter bestreichen, mit Kräutern bestreuen, auf einem Teller stapeln und unter einem Küchentuch warmhalten. Zu Suppe oder Eintopf servieren.

Dinner Rolls

Diese typisch amerikanischen Beilagenbrötchen können natürlich mit deutschem Brot nicht mithalten, aber gerade zu Suppen sind sie einfach unschlagbar. Ich backe sie im Herbst sehr oft und wenn wir nicht alle aufessen, kann man sie am nächsten Tag wunderbar nochmal im Ofen oder im Toaster aufbacken.

Für 6 Portionen

ALS BEILAGE

ZUTATEN

1 Würfel Hefe
2 TL Zucker
ca. 1–2 EL Wasser
650–700 g Mehl
75 ml Olivenöl oder geschmolzene Butter
250 ml Milch
2 Eier
1 TL Salz

AUßERDEM

1 Eigelb
2 EL Wasser
etwas Meersalz

Die Hefe mit dem Zucker in etwas (!) lauwarmem Wasser auflösen. Dann alle Zutaten (auch das Hefewasser) in eine Schüssel geben und den Teig so lang kneten, bis er geschmeidig und glatt ist (ca. 5 Minuten). Der Teig muss nun ca. 30 Minuten bis 1 Stunde ruhen.

Danach in die gewünschte Form bringen (Brötchen, Zöpfe, Hörnchen, Schnecken, Knoten, Kringel ...), auf ein mit Backpapier ausgelegtes Backblech legen und abgedeckt nochmals ca. 30 Minuten ruhen lassen.

Den Ofen auf 180 °C Ober-/Unterhitze vorheizen. Das Eigelb mit etwas Wasser verquirlen, die Rolls damit bestreichen, mit etwas Meersalz bestreuen und ca. 15–20 Minuten backen.

Hausgemachtes Kürbisbrot

Zum Herbst gehört für mich Kürbisbrot. Und selbst gemacht als sogenanntes „No-Knead-Brot“ ist das eine sehr einfache und schmackhafte Angelegenheit.

Für 1 Brot

ZUTATEN

300 g Kürbispüree (Seite 11)
½ Würfel Hefe
ca. 50 ml lauwarmes Wasser
½ TL Zucker
500 g Mehl
2 TL Salz
1 EL Kürbiskernöl
50 g Kürbiskerne

Schnelle Variante: Kürbismus nach Rezept vorbereiten. Kein Wasser zum Püree dazugeben! Das würde das Brot viiiiel zu weich machen. Reinen Kürbis bitte!

Die Hefe mit dem Wasser und dem Zucker zusammen auflösen. Alle übrigen Zutaten in eine Rührschüssel geben und die Hefemischung dazugeben. Alles mit einem Standrührgerät gut durchkneten und zum Schluss zu einer Kugel formen. Ca. 1 Stunde gehen lassen.

Den Ofen auf 250 °C Ober-/Unterhitze vorheizen und einen Topf mit Deckel (ohne Loch) darin miterhitzen. Dann den Teigling in den heißen Topf kippen, den Deckel wieder daraufsetzen und das Brot darin 30 Minuten backen. Den Deckel mit einem Ofenhandschuh abheben und das Brot offen weitere 15 Minuten backen. Auf einem Gitter auskühlen lassen und danach anschneiden und genießen.

Über-Nacht-Variante: Den Teig wie oben beschrieben vermengen und in einer Schüssel abgedeckt über Nacht in den Kühlschrank stellen. Am nächsten Tag den Teig bemehlen und in ein Garkörbchen legen. Dort 1 Stunde abgedeckt gehen lassen. Anschließend wie oben beschrieben backen.

Pumpkin-Spice-Crème-Brûlée

Crème Brûlée ist ein Dessert, welches sehr einfach zubereitet werden kann, allerdings etwas Zeit benötigt. Meine Variante hier ist einfach unschlagbar, denn mit den Zimt- und Muskatnoten ist sie für mich Herbst pur.

Für ca. 6 Portionen

FÖRMCHEN MIT 11 X 11 X 3 CM

CREME

400 ml Sahne
200 ml Milch
70 g Zucker
4 Eigelb
½ TL gemahlene Vanille
1 TL Pumpkin Spice (Seite 15)

AUßERDEM

6 EL brauner Zucker
Haselnusskrokant und ganze Haselnüsse zum Garnieren

Alle Zutaten für die Creme in eine Schüssel geben, mit dem Pürierstab durchmengen (wenig Schaum produzieren, wenn es geht) und die Masse mit einem Deckel bedeckt für ca. 8 Stunden in den Kühlschrank stellen.

Dann den Ofen auf 130 °C Ober-/Unterhitze vorheizen, die Masse mit einem Schneebesen durchrühren, in ofenfeste Schälchen füllen und in ein tiefes Backblech stellen. Das Blech in den Ofen schieben und ca. 1 Fingerbreit Wasser hineinfüllen. Die Crème Brûlée nun 60 Minuten backen. Danach aus dem Ofen nehmen und auskühlen lassen.

Abgedeckt nochmals ca. 6 Stunden in den Kühlschrank stellen und vor dem Servieren mit braunem Zucker bestreuen und mit einem Handbrenner karamellisieren. Als Garnierung z.B. etwas Haselnusskrokant und ganze Haselnüsse nehmen.

SPOOKY
DAYS

Schrumpfkopfkuchen

sehr fein

Meine Heimatstadt Kassel hat etwas sehr Besonderes: Ein Museum für Sepulkralkultur. Es ist mein persönliches Lieblingsmuseum; und dort besuchte ich vor einigen Jahren eine Ausstellung über Mumien – natürlich waren da auch Schrumpfköpfe ausgestellt und seitdem spukte die Idee für diesen Kuchen in meinem Kopf herum. Was passt besser zu Halloween?

Für 1 Springform

MIT 26 CM DURCHMESSER

ZUTATEN

150 g weiche Butter
125 g Zucker
½ TL gemahlene Vanille (alternativ Tonkabohne oder Zimt)
Abrieb einer Bio-Zitrone
1 Prise Salz
3 Eier
2 TL Backpulver
200 g Mehl
4 EL Milch
4–5 große Äpfel
2 EL Puderzucker zum Bestäuben

Den Ofen auf 180 °C Ober-/Unterhitze vorheizen. Für diesen Apfelkuchen zuerst die Butter mit dem Zucker, der Vanille, dem Zitronenabrieb und dem Salz schaumig aufschlagen. Die Eier nacheinander hinzugeben und unterrühren. Nun abwechselnd das mit dem Backpulver vermischte Mehl und die Milch hinzugeben und jeweils verrühren. Den fertigen Teig in eine mit Backpapier ausgelegte Form geben und glattstreichen.

Die Äpfel nun schälen, halbieren, entkernen und in die runde Seite der Apfelhälften Gesichter einschneiden/schnitzen. Diese Apfelhälften nun mit dem Gesicht nach oben in der Form verteilen und leicht in den Teig hineindrücken. Nun den Kuchen in den Ofen stellen und ca. 40 Minuten backen. Garprobe machen. Auskühlen lassen und mit Puderzucker bestäuben.

Spinnenweben-käsekuchen

Ihr kennt den klassischen New York Cheesecake, oder?
Der hier ist meine Spooky-Version davon!

Für 1 Springform

MIT 24 CM DURCHMESSER

BODEN

90 g Mehl
50 g Weizenvollkornmehl
15 g Weizenkleie
45 g Muscovado-Zucker
½ TL gemahlene Vanille
¼ TL Zimt
¼ TL Natron
¼ TL Backpulver
100 g weiche Butter + etwas zum Fetten der Form
1 EL Honig

FÜLLUNG

600 g Frischkäse
100 g Zucker
3 Eier
1 TL Zitronensaft
½ TL gemahlene Vanille

GLASUR

450 g saure Sahne
2 EL Zucker
1 Prise Salz
½ TL gemahlene Vanille
Abrieb 1 Bio-Zitrone

SPINNENWEBEN

25 g Zartbitterschokolade
25 ml Sahne

Für den Boden den Ofen auf 175 °C Ober-/Unterhitze vorheizen. Eine Backform einfetten. Alle trockenen Zutaten für den Boden vermengen. Butter und Honig hinzugeben. Mit einer Küchenmaschine alle Zutaten vermengen, bis sie gerade so zueinander kommen. Den Teig fest an den Boden der vorbereiteten Form drücken und 15 Minuten backen. Komplett auskühlen lassen.

Für die Füllung den Ofen auf 190 °C Ober-/Unterhitze vorheizen. Den Frischkäse in der Küchenmaschine cremig aufschlagen. Den Zucker hinzugeben und ein Ei nach dem anderen unterrühren, gefolgt von Zitronensaft und Vanille. Die Füllung auf dem Boden verteilen. 30 Minuten im unteren Drittel des Backofens backen. Aus dem Ofen nehmen und mit einem dünnen Messer am Rand des Kuchens entlangfahren. Auf einem Kuchengitter auf Zimmertemperatur abkühlen lassen.

Für die Glasur die Ofentemperatur dann auf 215 °C Ober-/Unterhitze erhöhen. Mit der Küchenmaschine alle Zutaten für die Glasur vermengen. Auf dem vorgebackenen Kuchen verteilen und 10 Minuten im unteren Drittel des Ofens backen. Aus dem Ofen nehmen und wieder mit einem Messer am Rand entlangfahren. 1–2 Stunden auf einem Kuchengitter auskühlen lassen. Mindestens 6 Stunden im Kühlschrank durchkühlen lassen.

Kurz vor dem Servieren die Schokolade mit der Sahne über einem Wasserbad schmelzen, ein einen Spritzbeutel mit dünner Lochtülle füllen und Kreise auf den Kuchen spritzen. Dann mit einem Zahnstocher von innen nach außen ziehen. Den Kuchen am besten 24 Stunden vor dem Servieren backen, maximal 36 Stunden vorher.

Halloween-Geister-Bark

Schokolade geht immer, oder? Und wenn man zu einer Halloween-Party etwas mitbringen soll, lässt sich dieser Geister-Bark hervorragend vorbereiten. Und seien wir mal ehrlich: Er sieht einfach zum Fürchten gut aus!

Für 1 Form

MIT 20 X 20 CM

ZUTATEN

- 400 g Zartbitterschokolade
- 50 g weiße Candymelts oder weiße Schokolade
- 1 EL bunte Halloween-Zuckerstreusel

Zuerst eine passende Form mit etwas Backpapier auslegen. Dann die Zartbitterschokolade über einem Wasserbad schmelzen. Die Schokolade in die Form geben und glattstreichen. Etwa 1 EL davon zurückbehalten und in einen Spritzbeutel mit einer dünnen Lochtülle füllen. Eventuelle Luftbläschen mit einem Zahnstocher zerpieksen.

Die Candymelts über einem Wasserbad schmelzen und in einen Spritzbeutel mit dünner runder Tülle geben. Nun damit Geistergrundformen aufspritzen und mit einem Schaschlikspieß die weiße Schokolade etwas verteilen.

Nun mit der zurückbehaltenen Zartbitterschokolade Mund und Augen aufspritzen. Zuckerstreusel auf der Schokolade verteilen und die Schokolade erkalten und aushärten lassen. Zum Servieren in Stücke brechen oder schneiden.

Popcorngeister

Diese kleinen Geister sind vor allem eines: sehr dekorativ für jedes Halloween-Buffet. Sie sind eher auf der süßen Seite, aber ein kleiner Zuckerschock ist ja irgendwie auch ein Grundgesetz an diesem Tag, meint ihr nicht?

Für 8 große Geister

ZUTATEN

60 g Popcornmais
180 g Marshmallowcreme
200 g weiße Candymelts
16 Zuckeraugen

Den Popcornmais in einer Heißluft-Popcornmaschine (Alternative siehe Tipp) ohne Butter o. Ä. aufpoppen und etwas abkühlen lassen.

Die Marshmallowcreme in einen Topf geben und soweit erwärmen, bis sie sich verflüssigt hat. Die Marschmallowcreme dann über dem Popcorn verteilen. Einmalhandschuhe anziehen und alles vermengen. Die Handschuhe nun leicht mit Wasser anfeuchten und 8 Geister formen.

Dann die Candymelts über einem Wasserbad verflüssigen und etwas abkühlen lassen (die Marshmallowcreme schmilzt sonst). Die Geister auf ein Kuchengitter setzen und mit den flüssigen Candymelts übergießen. An einem kühlen Ort abkühlen lassen, bis die Masse ausgehärtet ist. Noch die Zuckeraugen mit etwas Candymelt an die Geister kleben und bis zum Servieren kühl aufbewahren. Die Geister halten sich 2–3 Tage.

TIPP

Wer keine Popcornmaschine hat, kann das Popcorn auch in Topf zubereiten. Dafür 2–3 EL Sonnenblumenöl in den Topf geben, den Mais hinzufügen und den Topf mit einem Deckel abdecken. Jetzt die Herdplatte aufheizen, bis die ersten Körner poppen. Die Hitze dann sofort ausschalten und den Topf samt Deckel immer wieder schütteln, damit nichts anbrennt, bis kein Poppen mehr zu hören ist. Für diese Methode ist etwas Fingerspitzengefühl notwendig, denn die Körner können schnell anbrennen. Ansonsten kann man auch fertig gepopptes Popcorn im Supermarkt kaufen.

Dreierlei gruselige Eier

Gefüllte Eier gibt's seit meiner Kindheit auf jedem kalten Buffet und ich finde, zu Halloween sollte man da keine Ausnahme machen!

Für je 3 Eier

VARIANTE 1: EIER-GEISTER

3 Eier

Die Eier hart kochen, abschrecken und, wenn sie erkaltet sind, schälen. Nun einen Strohhalm nehmen und die Augen und den Mund „ausstechen". Um das Ei wieder aus dem Strohhalm zu bekommen, einfach kräftig hineinpusten.

VARIANTE 2: SPINNEN-EIER

3 hart gekochte Eier
3 TL Mayonnaise
2 TL Senf
Salz und Pfeffer nach Geschmack
1 Prise Paprikapulver
ca. 10 schwarze Oliven

Die Eier hart kochen, abschrecken und, wenn sie erkaltet sind, schälen. Die Eier längs halbieren, das Eigelb mit einem Löffel vorsichtig herauslösen und in ein Schälchen geben. Die Eigelbe mit der Mayonnaise und dem Senf vermischen und zerdrücken. Die Masse nun durch ein Haarsieb streichen (ansonsten geht die Masse nicht durch eine Spritztülle). Die Eigelbmasse würzen und abschmecken. Die Masse in einen Spritzbeutel geben und wieder dekorativ in die Aushöhlungen des Eigelbs spritzen. Die Oliven halbieren und jeweils eine Hälfte als Körper auf die Eigelbe legen. Nun die restlichen Oliven in Scheiben schneiden und jeweils drei Stücke auf jede Seite des „Spinnenkörpers" legen. Die Eier bis zum Servieren gut kühlen.

VARIANTE 3: SPINNENWEBEN-EIER

3 hart gekochte Eier
blaue und grüne Lebensmittelgelfarbe
3 TL Mayonnaise
2 TL Senf
Salz und Pfeffer nach Geschmack
1 Prise Paprikapulver
etwas Petersilie zur Garnierung

Die Eier hart kochen und abschrecken. Eine Schüssel mit Deckel mit Wasser füllen und blaue Lebensmittelfarbe darin auflösen. Die Eierschale rundherum anschlagen und die Eier in das blaue Wasser legen. Über Nacht im Kühlschrank aufbewahren. Am nächsten Tag werden die Eier geschält und abgetupft. Die Eier längs halbieren und das Eigelb mit einem Löffel vorsichtig herauslösen und in ein Schälchen geben. Die Eigelbe mit Mayonnaise und Senf vermischen und zerdrücken. Die Masse nun durch ein Haarsieb streichen (ansonsten geht die Masse nicht durch eine Spritztülle). Die Eigelbmasse mit grüner Lebensmittelfarbe einfärben, würzen und abschmecken. Nun die Masse in einen Spritzbeutel geben und wieder dekorativ in die Aushöhlungen des Eigelbs spritzen. Die Eier bis zum Servieren gut kühlen.

Red-Velvet-Halloween-Torte

Diese Torte macht etwas mehr Arbeit, weil die Böden erst gebacken werden müssen, aber es lohnt sich. Dieser Kuchen ist sehr locker und durch das Frischkäsefrosting sehr erfrischend.

Für 1 Torte

MIT 20 CM DURCHMESSER

BÖDEN

400 g Mehl
2 TL Backpulver
2 TL Backkakao
1 Prise Salz
120 g Butter
80 ml Öl
200 g Zucker
4 Eier
240 ml Buttermilch
1 TL weißer Essig
rote Lebensmittelgelfarbe

FROSTING

600 g Frischkäse
100 g Butter
200 g Puderzucker
30 ml Sahne
½ TL gemahlene Vanille
1 TL Limettensaft
schwarze Lebensmittelgelfarbe

Zuerst müssen die Böden gebacken werden. Also den Ofen auf 180 °C Ober-/Unterhitze vorheizen. Dann Mehl, Backpulver, Kakao und Salz vermengen und beiseitestellen. Butter und Öl zusammen schmelzen und mit Zucker und Eiern schaumig aufschlagen. Nun abwechselnd die Mehlmischung und die Buttermilch hinzufügen und als Abschluss den Essig hinzugeben. Nun noch die Lebensmittelfarbe nach persönlichem Gusto hinzufügen und untermischen.

Zwei Backformen mit 20 cm Durchmesser einfetten und den Teig auf beide aufteilen. Die Formen mit nassen Froteestreifen ummanteln und in den Ofen schieben. Ca. 20 Minuten backen. Garprobe durchführen und die Böden komplett auf einem Kuchengitter auskühlen lassen.

Für das Frosting alle Zutaten vermengen. Ca. 2–3 EL davon abnehmen und schwarz einfärben.

Einen Boden auf eine Tortenplatte geben, ca. 4 EL Frosting darauf verteilen, den zweiten Boden daraufsetzen und das restliche Frosting um den Kuchen verteilen. Das schwarze Frosting in einen Spritzbeutel mit kleiner runder Tülle geben und ein Spinnennetz auf dem Kuchen „aufzeichnen". Im Kühlschrank aufbewahren.

Frankenstein-Nudelsalat

Frankenstein, das von Menschenhand erschaffene Monster – heute mal ziemlich zahm und leblos, wie wär's?

Für 4–6 Portionen

NUDELN

250 g Fusili-Nudeln

PESTO

100 g Parmesan
20 g Pinienkerne
1–2 Knoblauchzehen
150 ml Olivenöl
1 Topf Basilikum (ca. 10 Stängel)
Salz nach Geschmack

AUßERDEM

2 Scheiben Mozzarella (siehe Tipp)
1 Glas schwarze Oliven ohne Stein
½ kleine Zucchini

Zuerst die Nudeln in reichlich Salzwasser nach Packungsangabe gar kochen und abgießen.

Dann alle Zutaten für das Pesto in der Reihenfolge wie genannt in einen Mixer geben und zu einer Paste vermixen.

Die Nudeln mit dem Pesto vermengen und abschmecken. Nun die Nudeln als Rechteck auf eine große Servierplatte oder z.B. ein Schneidebrett geben. Aus dem Mozzarella zwei Kreise ausstechen und auf die Nudeln legen, die Oliven abtropfen lassen und für Haare, Nase und Mund benutzen. Dabei eine Olive in Scheiben schneiden und als Pupillen auf den Mozzarella legen. Die Zucchini halbieren und jeweils im unteren Drittel neben das Gesicht legen (siehe Bild). Den Nudelsalat dann servieren oder mit Frischhaltefolie abdecken und bis zum Servieren im Kühlschrank aufbewahren.

TIPP

Ich habe hier für die Augen einen dieser sehr dünnen Mozzarellawraps (gibt's im Kühlregal) genommen und mit einem Trinkglas ausgestochen.

Jalapeño-Mumien

Ich ziehe jedes Jahr auf meinem Balkon oder im Garten Jalapeños und verarbeite sie dann im Herbst zu allerlei leckeren Dingen. Diese Mumien schmecken einfach nur lecker, und wer die süßen Zuckeraugen dazu nicht mag, kann sie vor dem Verzehr wieder abmachen.

Für 30 kleine Mumien

GEFÜLLTE JALAPEÑOS

ca. 17 große Jalapeños
300 g Frischkäse
50 g Gouda
50 g Parmesanflocken
Salz und Pfeffer nach Geschmack
½ TL scharfes Paprikapulver

MÜRBETEIG

100 g Mehl
50 g kalte Butterwürfel
ca. 2 EL Wasser

AUßERDEM

ca. 60 Zuckeraugen

Zuerst die Jalapeños waschen, trocknen und halbieren. Zwei Jalapeños in kleine Würfel schneiden und mit dem Frischkäse zusammen in eine Schüssel geben. Bei den restlichen Jalapeños die Kerne etc. entfernen und auf ein mit Backpapier ausgelegtes Backblech legen. Den Gouda reiben und zusammen mit dem Parmesan mit dem Frischkäse vermengen. Mit Salz, Pfeffer und Paprikapulver abschmecken und die Chilis damit füllen.

Für den Mürbeteig das Mehl mit der Butter vermengen und die Butter zwischen den Fingern klein drücken. Das Wasser hinzugeben und alles zu einem glatten Teig verkneten. Den Teig nun länglich möglichst dünn ausrollen und mit einem Pizzaroller in dünne, lange Streifen schneiden. Jetzt jeden Chili mit einem Streifen umwickeln und wieder aufs Backblech setzen.

Den Ofen auf 180 °C Ober-/Unterhitze vorheizen und die Mumien ca. 20 Minuten backen. Dann noch schnell die Augen auf die Mumien legen und servieren. Schmecken warm und kalt.

TIPP

Zuckeraugen verlaufen, wenn sie Feuchtigkeit ziehen. Daher lieber erst kurz vor dem Servieren auf die Mumien legen.

Spellbook-Brownies

Kennt ihr den Film „Hocus Pocus"? Ich liebe diesen Film (er ist fast so alt wie ich ...) und daher habe ich euch hier mal Spellbook-Brownies (auf Deutsch Zauberbuch-Brownies) mitgebracht, die jeder Fan dieses Films vermutlich erkennt.

Für 1 Form

MIT 20 × 20 BIS 25 × 25 CM

BROWNIES

200 g Zartbitterschokolade
75 g Butter
30 g Zucker
4 EL Milch
2 Eier
100 g Mehl
½ TL gemahlene Vanille
½ TL Natron
1 TL Backpulver
1 Prise Salz

TOPPING

200 g Kuchenglasur Zartbitter
100 g Zartbitterschokolade
schwarze Lebensmittelgelfarbe
ca. 10 Zuckeraugen

Für die Brownies wird zuerst die Zartbitterschokolade in Stücke gebrochen und mit der Butter und dem Zucker über einem Wasserbad erwärmt, bis alles geschmolzen ist. Dann diese Masse in eine Rührschüssel geben, mit der Milch verrühren und etwas abkühlen lassen. Die Eier unterrühren und die restlichen Zutaten in die Schüssel sieben. Alles mit einem Rührbesen vermengen und in eine mit Backpapier ausgelegte Backform geben.

Den Ofen auf 180 °C Ober-/Unterhitze vorheizen und die Brownies 20 Minuten backen. Danach aus dem Ofen nehmen und auskühlen lassen.

Die Kuchenglasur im Wasserbad erwärmen und über die Brownies geben. Ebenfalls fest werden lassen.

Dann noch die Zartbitterschokolade über einem Wasserbad erwärmen und mit Lebensmittelgelfarbe schwarz färben. Die Schokolade wird nun in einen Spritzbeutel mit dünner runder Tülle gegeben und das auf dem nebenstehenden Bild abgebildete Muster aufgespritzt. Direkt vor dem Servieren noch die Zuckeraugen auf die Brownies legen (sie verlaufen, wenn man sie z.B. über Nacht auf den Brownies lässt).

Gefüllte Paprikaschädel

Jack O'Lantern wird in Amerika der ausgehöhlte und mit einem geschnitzten Gesicht verzierte Kürbis genannt, und ich habe mir einfach mal den Spaß gemacht, das aus einer Paprika zu machen. Perfekt fürs Abendessen am Halloween-Abend.

Für 4 Portionen

PAPRIKA

4 mittelgroße Paprikaschoten

FÜLLUNG

280 g Orzo/Kritharaki/griechische Reisnudeln
100 g Feta
1 Büffelmozzarella
3 Tomaten
3 EL Basilikumpesto
Salz und Pfeffer nach Geschmack

SOSSE

2 große Dosen ganze Tomaten
1 Knoblauchzehe
Salz und Pfeffer nach Geschmack

Zuerst von den Paprikaschoten einen Deckel abschneiden und das Innere herausholen. In die Paprikas nun Augen, Nase und Mund wie bei einem Kürbis schnitzen.

Dann die Reisnudeln in reichlich Salzwasser al dente garen und abschütten. Den Feta und den Mozzarella würfeln. Die Tomaten mit heißem Wasser übergießen, häuten, entkernen und in kleine Stücke schneiden. Dann die Reisnudeln, die Käsesorten, die Tomatenwürfel und das Pesto vermengen. Mit Salz und Pfeffer würzen und in die Paprika füllen.

Die Tomaten aus der Dose klein schneiden und in eine Auflaufform geben. Den Knoblauch schälen, fein hacken und zu den Tomaten geben. Mit Salz und Pfeffer würzen, die Schoten in die Soße stellen und alles bei 220 °C Ober-/Unterhitze ca. 40 Minuten backen. Die Soße sollte die Schoten nur maximal bis zur Hälfte bedecken.

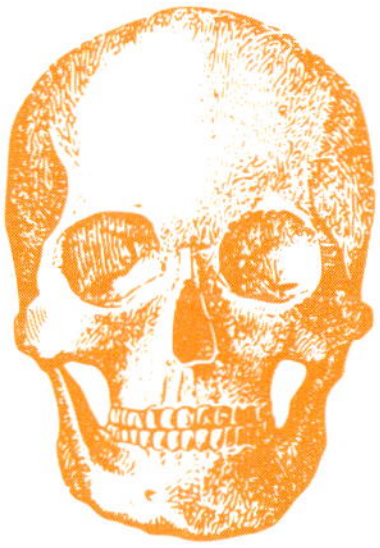

Lava-Brötchen

Diese Brötchen kommen direkt aus der Hölle – aber auch wenn sie so aussehen, sie sind absolut nicht verbrannt, sondern durch einen besonderen Trick sehen sie aus wie echte Lava. Na, wer traut sich? Kleiner Tipp: Bei Kindern sind diese Brötchen der absolute Bringer.

Für 12 Brötchen

BRÖTCHEN

½ Würfel Hefe
1 TL Zucker
400 ml lauwarmes Wasser
600 g Mehl
1 TL Salz
rote Lebensmittelgelfarbe
3 EL Kirschkonfitüre (optional)

CRACKLE-TOPPING

½ Würfel Hefe
2 TL Zucker
2 EL Sonnenblumenöl
½ TL Salz
260 g Reismehl
250 ml Wasser
schwarze Lebensmittelfarbe oder Aktivkohle (siehe Hinweis)

Für den roten Hefeteig die Hefe mit dem Zucker im lauwarmen Wasser auflösen. Zusammen mit dem Mehl und dem Salz in eine Rührschüssel geben und zu einem geschmeidigen Teig verkneten. Genug Lebensmittelfarbe hinzugeben, damit der Teig ein dunkles Rot annimmt, eventuell die Konfitüre hinzugeben.

Aus dem Teig dann 12 Brötchen formen und auf ein mit Backpapier ausgelegtes Backblech legen. Mit einem feuchten Tuch abdecken und 1 Stunde gehen lassen.

Nach der Gehzeit das Topping zubereiten. Dafür alle Zutaten mit einem Schneebesen vermengen und mit schwarzer Lebensmittelfarbe oder Aktivkohle satt schwarz einfärben.

Mit Einmalhandschuhen, um Verfärbungen an den Händen zu vermeiden, nun die einzelnen Brötchen mit dem Topping einschmieren (ruhig etwas dicker, aber gleichmäßig), wieder auf das Backblech legen und 15 Minuten gehen lassen.

Den Ofen auf 180 °C Ober-/Unterhitze vorheizen und die Brötchen ca. 20 Minuten backen. Auskühlen lassen und genießen.

HINWEIS

Übermäßiger Verzehr von Aktivkohle kann bei Menschen, die Medikamente zu sich nehmen, Probleme verursachen.

HALLOW

Pizza-Schädel

Und auch hier haben wir ein absolutes Basicrezept, welches schnell und einfach ein hervorragendes Halloween-Fingerfood ergibt. Mein kleiner Neffe liebt sie, und manchmal muss ich sie auch außerhalb der Halloween-Saison für ihn backen.

Für ca. 6 Stück

TEIG

½ Würfel Hefe
½ TL Zucker
ca. 350 ml lauwarmes Wasser
500 g Mehl
1 TL Salz

FÜLLUNG

100 g gerieber Käse (z.B. Gouda)
6–12 EL Tomatensoße (selbst gemacht aus Dosentomaten, Salz, Pfeffer und Knoblauchpulver oder fertig gekauft)

AUßERDEM

1 Schädel-Muffin-Form aus Silikon (Internet)
Trennspray

Für den Teig die Hefe zusammen mit dem Zucker im Wasser auflösen und mit dem Mehl und dem Salz verkneten. Den Teig nun abgedeckt 1 Stunde gehen lassen.

In der Zwischenzeit die Tomatensoße zubereiten (oder fertige Tomatensoße nehmen). Nun den Teig in 6 Portionen aufteilen. Die Form mit etwas Trennspray ausfetten und den Teig jeweils auf ca. Handgröße ausrollen und in die Form legen. Nun jeweils etwas Käse dort hineingeben, dann Soße und dann wieder Käse. Den Teig verschließen und mit dem Rest fortfahren.

Den Ofen auf 220 °C Ober-/Unterhitze vorheizen und ca. 15–18 Minuten backen. Sie sollen hell bleiben, damit sie wie Schädel aussehen. Schmecken warm und kalt.

Halloween Crunch

Dieser Snackmix ist super einfach und schnell gemacht, schmeckt hervorragend und ist unglaublich variabel. Wenn man mit den Farben spielt, kann man ihn eigentlich zu jeder Jahreszeit und zu jedem Anlass zubereiten. Leider kann man die Finger nicht davon lassen ... Aber es gibt Schlimmeres, oder?

Für ca. 8 Portionen

ZUTATEN

150 g wenig gesüßte Cerealien (z.B. Haferkissen von Kölln)
100 g Salzbrezeln
200 g weiße Kuvertüre
3–4 EL Halloween-Zuckerstreusel in Orange und Schwarz (z.B. von Superstreusel)
50 g orange Schokolinsen (z.B. M&Ms)
50 g ganze Haselnüsse
orange, schwarze und weiße Schokoladenkugeln und Monsteraugen aus Zucker (Internet)

Zuerst ein Backblech mit Backpapier auslegen. Dann die Cerealien und die Salzbrezeln darauf verteilen. Die Kuvertüre über einem Wasserbad schmelzen, die Schokolade dann über den Cerealien verteilen und alles gut durchmischen. Nun die Zuckerstreusel darauf verstreuen (damit sie haften) und alle anderen Zutaten darübergeben.

Die Schokolade an einem kühlen Ort trocknen und festwerden lassen. Dann die Stücke vorsichtig auseinanderbrechen und in einem luftdichten Behältnis aufbewahren.

Register